書物のある情景

平井一雄

信山社

大扉　鬼頭鍋三郎　画

書物のある情景

目次

書物のある情景

Rose ouverte plus ne referme.

Josephin Sourery

「新唐詩選」「新唐詩選続編」

いつのまにか齢七旬を超えてしまった。若い頃には何気なく読んでいた詩が実感として迫ってくる。本書は、『新唐詩選』が吉川幸次郎氏と三好達治氏、『新唐詩選続編』が吉川博士と桑原武夫氏の共著である。私の好みにしたがって、そのいくつかを採り上げてみる。

宿昔青雲の志
嵯跎たり白髪の年
誰か知らん明鏡の裏
形影自から相憐れまんとは

張九齢

三好氏の解によれば、「宿昔は達い昔、嵯跎たりはことに嵯きて思うにまかせぬさま」とある。青雲の志ままならず、いたずらに齢を重ね、ふと鏡を見るとそこに年老いた自分を見る。「形影おのずから相憐れまんとは」。おまえも苦労したけれども、ものにならなかったなあ。

客心落木に驚き
夜坐秋風を聴く
朝日容鬢を看れば
生涯鏡中に在り

薛　稷

三好氏は次のようにいう。「結句甚だ人に迫るものがある。読む人も同じく鏡中を覗き込むような感があって、その感が異常に鮮明である。」。「語は数語に過ぎないが、読んでここに到って、読者の心は忽ち驚き、文字の不可思議作用から暫く眼を放つことができないものを覚えるではないか。」と。「生涯鏡中に在り」とは、云い得てまことに妙であって、人は老年になって、自らの責任を刻んだ己の顔を、否応なしに鏡中に見出さなければならない。

三好氏が、「今目読んでいささか胸にもたれるような感のある綺麗な甘い作」とされる、劉廷芝の『代悲白頭翁』は、「年年歳歳花相似　歳歳年年人不同」という有名な対句を含んだ詩で、人口に膾炙していると思われる。

洛陽城東桃李の花

飛び来たり飛び去って誰が家にか落つ
洛陽の女児顔色を惜しむ
行く落花に逢うて長く嘆息す
今年花落ちて顔色改まり
明年花開いて復誰か在る

というささか感傷に過ぎる冒頭から、先に述べた対句を経て、「此翁白頭真に哀れむ可し　これ昔紅顔の美少年」、その紅顔の美少年の贅を尽くした若い頃の生活を詠った後、

一朝病に臥して相識るなし
三春の行楽誰がほとりにか在る
宛転たる蛾眉能く幾時ぞ
須臾にして鶴髪乱れて絲のごとし
ただ看る古来歌舞の地
惟有り黄昏鳥雀の悲しむのみ

で終わる。

この詩についての三好氏の印象。「最初に姿を見せたそぞろ歩きの洛陽の女児と、一朝病に臥して相

識る者もいない後半の白頭翁と、これをおおづかみな印象の上からいっても両者の対比が兼ね合いになっていて、一篇の効果を躍動せしめている。ただ歳々年々人同じからずといい、宛転たる蛾眉能く幾時ぞという、その趣意の、この詩のテーマの痛切なるべきが如くには、これを一読し了った後の後味は何か痛切ではなく、むしろ甘ったるくどこか空々しいのは、裕福な家庭の隠居どもが、愚痴とも繰り言ともつかぬものを呟きながらそれを楽しんでいるような風体の如くにも推せられる。

それにしても、「一朝病に臥して相識なし」とは、身につまされる一句である。老いて病に臥しても、私には、尋ねてくれ心を癒してくれる友がいるであろうか。

「続編」に登場する白居易が、鏡にかけて詠った詩は、老いにめげず明るい詩である。まず、屁理屈ともいえるような『鏡を覧て老いを喜ぶ』という詩がある。

今朝、鏡をみると鬚も髪もすべて糸のようになっていた、と冷静に老いを観察しているくせに、

生もし恋うに足らずとせば
老いもまた何ぞ悲しむに足らん
生もしいやしくも恋うべしとせば
老いとは即ち生きて時多きなり
老いざれば即ちすべからく夭すべく
夭せざれば即ちすべからく衰《おとろ》うべし
晩く老うるは早く夭するよりは勝る

この理は決して疑わしからず

「老いなければ必然的に若死にするのだし、若死にしなければ必然的に老いるものだ」。歳をとることは早死にするよりはいいじゃないか。この道理は決して疑いのないところである、と。

また、『感鏡』と題されたものは、むかし美しい人から貰った鏡を、老年になってから箱の塵を払って取り出し、眺めて感懐に耽る詩である。「鏡に映るのは、花のようなあの人の顔ではなく、やつれたおのれの顔ばかり、憎らしいのは人の気持ちも知らずに、仲よく絡み合った鏡の背の二匹の龍」、というものだが、この詩については、吉川博士が日本語で散文詩にされて紹介しているので一読をお奨めする。原詩には、「自従花顔去　秋水無芙蓉」花の顔（かんばせ）去りてよりは　秋水（曇りなく澄んだ鏡の面）に芙蓉（蓮の花――美人のたとえ）なし、という美しい句がある。若い頃に別れた美しい人を思い出す心には老いはない。それにしても、この女人と白居易とはどのような関係にあったのであろうか。

本書は、それぞれお二人の著者が予め相談されて書かれたものであるから、ダブって採り上げられたものはないが、ただ一首、次の詩が古川氏と三好氏によってともに解説がなされている。崔国輔の『長楽少年行』である。

遺却珊瑚鞭
白馬驕不行
章臺折楊柳

吉川氏は、「珊瑚の鞭を遺却すれば」という第一句を、「珊瑚をよそおった贅沢なむち、それを道におっことした。ひろうのは、ごうはらである。」と説かれている。「章台」は、長安の南西の隅にあった楼台のことで、その下に花柳街があったところから、花街・遊郭を意味するようになったと、広辞苑に出ている。贅沢な鞭だが落としたものを拾うのも野暮なはなし、つと手を延ばして街路樹の柳の枝を折って鞭代わりにする、だから、「だれかいきなねえさんが、道ばたでうっとり見とれているかもしれない」とも書かれているのである。

他方、三好氏は、「騎行者としては迂闊な話だが、館を出るに当たって珊瑚の鞭を忘れたから、思うままに白馬を制御しえない。章台街のほとりに来て楊柳を折ろうとする」と解されている。要するに「遺却」を落とすとみるか忘れるとみるかの違いである。

唐の長安という華やかな都の花街に出入りする贅沢な少年の行動として、どちらの解が「枠」なのであろうか。ふと気がつくと鞭を忘れてきた。取りに戻るのも無粋なはなし、高価なものだがままよ昨夜の敵娼にでも呉れてしまえ、つとてを伸ばして傍らの柳の枝を折り取って鞭代わりにする、と読んだほうが「粋」なのかも知れない。

（「新唐詩選」「新唐詩選続編」岩波新書、昭和二七年、昭和二九年）

芥川龍之介「澄江堂雑記」

続澄江堂雑記の方に、「澄江堂」の名の由来が書かれているが、「なぜと言ふほどの因縁はない。唯いつか漫然と澄江堂と号してしまったのである。」とあるのみである。佐々木茂索から、「スミエと言ふ芸者に惚れたんですか？」と聞かれたそうだが、この佐々本のからかいは秀逸である。

私には、「号」と言うほどのものはない。唯、美術品商、つまり古物商の鑑札を貰う際に、屋号も届けなければならないので、生まれ月に因んで「姑洗堂」と名付けた。じつは、出典をすっかり忘れて調べようもないのだが、こんな話があったと記憶する。

ある若衆が、何気なく古井戸をのぞいたところ、若く美しい女の顔が見えてにっこりと笑いかけた。驚いて周りを見回したが誰もいない。どうやら女の顔は井戸の底に見えるらしい。その顔の美しさに若衆はすっかり惹かれてしまって、暇があれば井戸をのぞきに行くようになった。ある夜、夢の中に女が現れて、「わたくしは弥生と申します。あの井戸には悪い龍が住んでいまして苦しめられております。あわれと思し召すならどうぞわたくしをお救いくださいい。」と頼むのであった。夜が明けるや若衆は、何人かの助けをかりて井戸を浚ってみたところ、底から一枚の古鏡がでてきた。その鏡の裏には、「姑洗之鏡」と銘が刻んであったので、女はこの鏡の魂で、姑洗とあるので弥生と名乗ったのか、と合点がいったという話である。

姑洗では、芸者の名前にひっかけて、からかわれることはまずあるまい。因みに、広辞苑でも、姑洗を引くと「陰暦三月の異称」と載っている。私の生まれた三月はもちろん陽暦であるから、正しくは陰暦二月の異称である夾鐘としなければならないのかもしれないが、こだわることはないであろう。

澄江堂雑記の「九　歴史小説」には、このような記述がある。「たとへば日本の王朝時代は、男女関係の考へ方でも、現代のそれとは大分違ふ。其処を宛然作者自身も、和泉式部の友だちだったやうに、虚心平気に書きあげるのである。この種の歴史小説は、その現代との対照の間に、自然或暗示を与へ易い。メリメのイザベラもこれである。フランスのピラトもこれである。」。

芥川が、アナトール・フランスから大きな影響を受けたことは、たとえば、フランスの『エピキュールの園』(岩波文庫)の解説で、訳者・大塚幸男氏が書いておられ、また、同氏は、「侏儒の言葉」は『エピキュールの園』の引き写しといってもよいとまで言っておられる。この筑摩版全集にも、フランスの『バルタザール』の芥川の手になる翻訳が収められているし、澄江堂雑記の「一〇　世人」には、「わたしが人生を知ったのは、人と接触した結果ではない。本と接触した結果である。」というフランスの言葉が引かれている。

ところで、私がここで採り上げたいのは、先に紹介した「九　歴史小説」のなかの「フランスのピラト」という箇所に付せられたこの書の脚注についてである。それによれば、「フランスのピラト　フランスの作家Anatole France（一八四四〜一九二四）の『バルタザール』の中の主人公。芥川の翻訳参照。」となっている。バルタザールは、フランスの同名の短篇小説集のなかの一篇であるが、この小説にはピラトは出てこない。明らかに注釈者の勘違いである。

バルタザールは、エチオピアの王で、サバの女王バルキスに恋するが、のちに裏切られることによって恋愛の虚しさに目覚め、天文学に打ち込んで星が語るのを聞くことができるようになった。ある夜、星はこう語った。「歓びて貧しきにあれ、これ真の富なればなり。真の歓喜は歓喜を捨つるにあり。我を愛せ。然して我によりてのみあらゆるものを愛せ。その故如何となれば我のみ独り愛なればなり。」（白水社版、山内義雄訳による）。そして、この星に導かれて幼児イエスのもとに旅し、母マリアとともにいるイエスを伏し拝んだ東方の三博士の一人である。

ピラトが出てくるのは、同じく短篇小説集『螺鈿の小箱』のなかの「ユダヤの太守」である。原文では、Pontius Pilatusだが、普通はポテオ・ピラトと呼ばれている。ピラトは、イエスを磔刑にした人物だが、この小説は、彼が引退したのちに友人であったラミアに会い、太守時代に自分がユダヤ人たちにした処遇が間違っていなかったことを愚痴る話である。歴史を題材にしていることから、芥川が「歴史小説」としたのであろう。小説の最後でラミアから、「その男は、ナザレ人のイエスと呼ばれていた。どんな罪を犯したか知らないが、十字架にかけられた男だった。ポンチウス、あの男を覚えているかね。」と聞かれたピラトが、「イエス？ナザレ人のイエス？覚えがない。」と答える。

キリスト教の教義そのものにかかわるイエスの磔刑すら、行政官ピラトにすれば日常の業務の一つに過ぎず記憶にすら残らないという、懐疑主義者にして皮肉屋のフランス一流の結末となっているのである。

芥川に『バルタザール』の翻訳があり、それがMrs. John Laneの英訳からであることは芥川自身が明記している。このレインについての脚注は、「未詳」となっている。私は、たまたまこの書物を持っている。本郷の古書店で歩道に出してある箱のなかに五〇円の値がついていた。本のカヴァーによれば、レイン女史はフランスの作品を個人訳してイギリスで出版した人のようである。同じくカヴァーによれば、本書には革装と布装とがあるらしいが、残念ながら私が手に入れたのは布装で、値段は一冊二シリング六ペンスとある。

芥川が、「男女関係の考え方でも、現代のそれとは大分違ふ。」として和泉式部の名をあげているのは、彼女の男遍歴がかなり激しかったからであろう。彼女は、はじめ和泉守橘道貞の妻となって、夫の守名から和泉式部と呼ばれるにいたったらしいが、のちに藤原保昌の妻となった。『百人一首一夕話』（有朋堂文庫）には、「この保昌に忘れられたりけるころ」貴船社に詣でて、御手洗に蛍の飛ぶのを見て、

ものおもへば澤の蛍もわが身より
　あくがれ出るたまかとぞみる

と詠んだところ、社のうちより、

おく山にたぎりて落つる滝つ瀬の
たま散るばかりものな思ひそ

と貴船明神が返し歌を詠んだという話が載っている。

今の貴船社は、神寂びた静かな佇まいで詣でる人も少なく、さほど霊験あらたかな神社とも見えないが、平家物語の冒頭の「剣の巻」には、男に裏切られた女が、憎い男を取り殺そうと生きながら鬼になることを望んで貴船明神に願掛けし、哀れと思った明神が願いを聞き届けた話が載っている。余談だが、平家物語は通常は「祇園精舎」から始まるのだが、どういうわけか有朋堂文庫の平家ではその前に「剣の巻」がある。源氏重代の宝剣、髭切り・膝丸にまつわる語で、これが「祇園精舎」以下の平家の本文とどうかかわるのかはよくわからない。この貴船さんに鬼にしてもらった女が、渡辺綱に腕を切られる話も「剣の巻」にある。鬼が綱の叔母に化けて首尾よく腕を取り返すことは知っておられるであろう。

どうやら、貴船さんは、女性に優しい神様のようである。

（芥川龍之介「澄江堂雑記」芥川龍之介全集第四巻、筑摩書房、昭和三三年）

芥川龍之介「骨董羹」

「澄江堂雑記」と同じく筑摩版全集第四巻にある「パステルの龍」に芥川の訳詩が載っている。「これは上海滞在中、病間に訳したものである。」という書き出しで、Jidith Gautier の「月光」、「陶器の亭」の二編が訳出されている。例によって、「ゴオティエの娘さん」に付された脚注は、ジュディスとなっているが、これはジュディットでなければなるまい。他方、「骨董羹」の冒頭の「別乾坤」、「Judith Gautier が詩中の支那は、支那にして又支那にあらず。」の Judith に付された注では、ジュディト・ゴーティエとなっているのだから不思議な「注」である。

私の本業の方では、やたらに注の多い書物や論文を読まなければならない。本文のみならず、注に示された文献を読むことによって勉強の内容や幅が広がるのだから、語呂合わせではないが「注」を「注意」して読む癖がついており、つい気になるのである。

以下は、N先生からのお手紙によって御教示を受けたところによる。

世紀末――われわれの世代で世紀末というと一九世紀末を指すのが当然だが、すでに二一世紀に入っている現在では、二〇世紀末のことではないと一々断らなければならないのだろうか――の作曲家グスタフ・マーラーの「大地の歌」、これはハンス・ベートゲが編訳した、『シナの笛』という中国の詩集から採ったいくつかの詩に作曲したものだが、そのなかに「陶器の亭」があり、その歌詞はこのようですと、ドイツ語を解しない私のために訳文を添えてくださった。それと芥川が訳したものとを比べてみると内容は同じであり、芥川がジュディットからとした詩がベートゲの翻訳した詩と元は同じものであるらしいということがわかる。「パステルの龍」では、「名高いゴーテイエの娘さんは、カテユウル・マンデスと別れた後、Tin-tun-Lingという支那人に支那語を習ったそうである。が、李太白や杜少陵の訳詩を見ても、訳詩とはどうも受け取れない。まづ八分までは女史自身の創作と心得て然るべきであろう。」とある。N先生のお手紙では、ベートゲによればこの詩は李太白のものとしているが、吉川幸次郎先生によると李白にはそんな詩はない、かといって誰の詩かまだ突き止められないとのことである。

ところで、ベートゲの詩については妙なところで再び逢うことになる。アラン・ワイズマン『人類が消えた世界』(鬼澤忍・訳、早川書房、二〇〇八年)。これは、現在の時点で人類が消滅した後、私たちの家や街は、地球はどうなるのか、を描き出したもので、コンクリートと鉄で出来た都市が意外に早く植物に繊滅させられてしまうのに対して、プラスチックはどんなに小さくなっても永久に生分解しないという恐ろしい話が語られているのだが、この書物の扉には、次のような言葉が載せられている。鬼澤氏が訳された通りを紹介すると、

大地は永遠に青く、大空は長く揺るがず、春に花を咲かせる

だが人間よ、お前はいつまで生きるのか
——李白（原詩）、ハンス・ベートゲ（翻訳）、グスタフ・マーラー（作曲）
「中国の笛、大地の哀愁に寄せる酒の歌（大地の歌）」より

ここでは、明らかに元の詩は、李白によるものとされている。

しかし、中国文学の碩学吉川幸次郎氏がこのような詩は李白にはないと言われ、芥川も、「陶器の亭」を八分とおりジュディットの創作とみているのだから、一体この詩の原作者は誰れなのであろうか。

「別乾坤」の続きは、「葛飾北斎が水滸画伝の挿絵も、誰か又是を以って如実に支那を写したりと云はん」となっていて、ジュディットにせよ北斎にせよ、彼らが詩又は画において写した中国は、彼らが、「白日夢裡に逍遥遊を恣にしたる別乾坤」に過ぎないと言うのであるが、この短文中にはその具体的指摘はない。

有朋堂文庫の新編水滸画伝には北斎の挿絵がかなり載せられている。高島俊男「水滸伝と日本人」（ちくま文庫、二〇〇六年）によれば、『新編水滸画伝』は、「これを今日より見れば、江戸文壇の巨人曲亭馬琴と江戸画壇の巨人葛飾北斎とが協同して一つの本を作ったという大変なもの」だそうである。「もっともその絵は今われわれが見るとちっとも中国らしくない……なにしろだれも中国なんか見たことがないんだからしかたがない。」。同じく有朋堂文庫の通俗三国志にも北斎の挿絵があるが、かたや後漢の時代かたや宋の時代という隔たりがあるにもかかわらず、豪傑達が着ている衣装は同じ様なもので、「誰か又是を以って如実に支那を写したりと云はん」といいたくなる。高島氏のこの書によれば、「当時の挿絵

というのは、作者自身がスケッチをかいて画工に示し、図柄を指定する」そうだから、宋代の中国などには行けるはずもない馬琴も困ったであろう。

この馬琴訳の水滸伝は初編一〇巻で中絶してしまった。馬琴が身の覚えのない金銭上のトラブルで版元から奉行所に訴えられ、激怒した馬琴は以後一切この版元とは縁を切ってしまったというのがいきさつである。困った版元は続きの訳を高井蘭山に依頼する。有朋堂文庫でも、二編の前文として蘭山の「緒言」がついている。自分が続きを訳してもよいかと馬琴に問い合わせたところ、差支えないということであったので、書肆の求めに応ずるとしている。挿絵の方は変わらずに北斎が担当しているが、初編と二編以後で絵に変化はないようであるから、高島氏の言うように作者が図柄まで指示したのであろうか。

さて、高島氏によれば、この高井蘭山なる人物は、「とんでもないイカサマ先生で、水滸伝の原文なんぞはぜんぜん見やしない。見たところでわかりやしない。それでいったい翻訳ができるかというと……『通俗忠義水滸伝』、これはカタカナで書いてあったのをひらがなになおして、高井蘭山訳としたのである。」とある。これには馬琴も驚いたようで、「只水水滸伝のすじみちのみ書きつらね候までに御座候」と感想を述べている。

高島氏によれば、水滸伝の白話体は三国志などと比較するとずっと格調があるとのことだが、林冲故事、魯知深故事、武松故事などそれぞれの話は面白いが、全体としてみると登場人物が多すぎて各人の人物像が平板であり、通読するにしたがって筋立てにも無理が目立って、繰り返し何度も読もうという意欲は三国志ほどには湧かないのである。

頭目の宋江、このチビで色黒の男がなぜ豪傑達からあれほどまでに尊敬されるのか。どうせなら架空の人物なのだから、なぜ男が惚れる立派な風采・人格に仕立てておかなかったのだろうか。もっとも、盗賊の頭だから人格立派では合わないかもしれないが、風采の立派は、がんらい中国では、尊敬される男は見た目が堂々としていなければならないとされていたのではなかったか。宮崎市定『水滸伝』（中公新書、昭和四七年）、「第二章　二人の宋江」においては、この疑問に答えて次のように記してある。「もし水滸伝の著者が書き漏らした説明を私が補うのだとしたなら、次のように言えるかも知れない。それは、宋江という男は、いたって無能な人間で、しかも自分の無能をよく自覚しているから、決して自己の才能を他人と比較したりしない点がいいのだ……もしも、歴史上の実在人物に譬えをとるなら、漢の高祖、劉邦と似たところがある。そして中国は特にこのような種類の人間を好んで高く評価するのである。」と。

（芥川龍之介「骨董羹」芥川龍之介全集第四巻、筑摩書房、昭和三三年）

佐藤春夫編著「美の世界」

同じ編著者による続編『愛の世界』が二年後に出版されている。本書の「自叙」に曰く、「これは謂う所の詞華集ではない。ただ季節の推移につれて心に浮ぶ古今の作から人々に興味のありさうな、またわが詩歌観の一端を語るに適したのを、しどけなく採り漫然と記した無駄話風の初級詩歌入門書である。」と。さらにいう。「詩歌は法律文などとはわけが違ふ。人さまざま分に応じ際に従って、さまざまに読み味ってよい。作者の作った通りにだって読む必要もなく、それはできもしない。だからわがこの読み方も解も、みなほんの一つの見本である。そのつもりで囚はれず、こだわらずに、読者も自由勝手に心ゆく読み方で心ゆくまで味はれたい。」。

はじめに選ばれたのは、与謝野晶子の

あらしおち海も林も灰いろの
　巣にこもりたる朝ぼらけかな

で、「『灰いろの巣にこもりたる』とは何というすばらしい表現であろうか。その背後に海を怒らせ、林をわななかせた嵐のすさまじさをよく伝えている。みな『巣にこもりたる』という一語の働きである。」と説かれている。

私などは、同じ晶子のどこか抽象画を思わせるような

浅草寺御堂に拝むかきつばた
　　きざはし下るそのかきつばた

ならその情景を想い描けそうな気がするのだが、「灰いろの巣にこもりたる」からは、佐藤の説くような心象をなかなか描くことはできない。詩歌の味わい方に眼を開かせてくれる一文である。

日本語は美しい。それは私が日本人だからである。フランス人はフランス語を世界唯一無二の美しい言葉と思っていよう。アラビヤ語を話す人達はアラビヤ語が一番美しいと思っているに違いない。それはそれでよいのである。自国の言葉を美しいと思い誇りをもてないとすれば、これほど惨めなことはあるまい。文章にやかましかった芥川に、次のような詩がある。

　ひたぶるに耳傾けよ。
空みつ大和言葉に

こもらへる箜篌《クゴ》の音ぞある。

『愛の世界』の最後に佐藤が選んでいるところだが、「この三行きりの詩には、『修辞学』という気取ったむずかしい題があるが、これはこの作者の国語に対する深い愛情を歌ったもので、また国語の美しい趣をこの三行で具体的に見せてくれるような作品である。」と。

「先師は日本語を最も美しく駆使した人の一人と信じているが、これなどはそのよい見本ではないだろうか。」と佐藤がいう与謝野寛の詩

祇園の桜ちりがたに
ひと夜の君は黒瞳がち、
上目する時身にしみき。
そは忘れてもあるべかり
若き愁のさはなるに

私の岳父は洋画家であった。若い女性を描くことが多かったが、中年のころのモチーフはバレリーナであったところ晩年に近くなって和装の女性、とくに舞妓を描くようになった。テレビ局のインタヴューを受けたときに、舞妓の芸事の修行に鍛えられた姿勢や所作に、日本の女性の美を見出したというようなことを答えていたと思う。

女性は、その国の民族衣装を着ているときが最も美しい。髪の色、顔かたち、肌の色、体型、ひいてはその国の光線の具合に合わせて、長い時間をかけて作り上げられ洗練されてきたのが民族衣装だからであろう。たまに西洋婦人が和服を着ているのを見るが、しっくりとはいきかねるようである。

和服は直線裁ちであり、いわば体に巻きつけて着るものであるから、巻いた筒紙をリボンで留めるように帯がなくてはならない。この帯には、恋の窶れを教えてくれるというまた別の役目があった。

帯を解くとき君言ひぬ
「この細れるを見給へ」と
朝の別れに君言ひぬ
「忘れたまふな海ごしに
二〇日の月の黄ばめるを」
与謝野寛

夏の帯砂のうへにながながと
解きてかこちぬ身さへ細ると
吉井勇

時代が遡ると恋の窶れはよりはげしくなる。

締めて名護屋の二重の帯が　三重まはる

深山鶯鳴く音に細る　我は君ゆへ焦がれて細る　　地唄

以下は『万葉集』から、

一重のみ妹が結ばん帯をすら
　三重結ぶべくわが身はなりぬ

二つなき恋をしすれば常の帯を
　三重結ぶべくわが身はなりぬ

みずかきの久しきときゆ恋すれば
　わが帯ゆるふ朝よ日ごとに

詩歌の鑑賞に関する話であったはずが、はからずも恋の窶れの話となってしまった。妄言多謝。おわりに本書のなかで、私が一番好きな歌を掲げさせていただくことにする。佐藤が、高村光太郎の作ではないかとしつつ、確証がなくて「よみ人知らず」としたものである。

秋かぜはしぶきふたこの素袷を

川より吹きぬ灯のともるころ

（佐藤春夫編著「美の世界」朝日新聞社、昭和三八年）

佐藤春夫 訳「ぽるとがるぶみ」

私の所蔵する本書は、昭和二四年の新装版の再版（昭和四八年）である。本書にも佐藤による「ぽるとがるぶみ由来記」が付いていて、その末尾には以下のような記述がある。

「一九二二年日本東京に於て芥川龍之介が友人和気律次郎の注意によってプレステーヂ氏の英訳本を一古書肆から購求して同年一二月に一読過して好話題とした。

一九二九年本稿の筆者は亡友の澄江堂文庫から借覧した The Letters of Portuguese Nan, by Edger Prestage, 1893. London によってこれが邦訳を試み、同年一二月畏友澤田卓爾の助力によって遂にこれを成し、「オランダぶみ」「じゃがたらぶみ」にならって『ぽるとがるぶみ』と題した。」。その日付は一九三四年四月とある。

本書については、島田謹二博士がその著『日本における外国文学』（上巻）のなかで詳細な検討・分析をなされており、初版本（一九三四年）の写真も掲げてある。出版社は説明になく写真からは不明であるが、その表紙には、書名に並べて「本書の完成と同時に改造社版全集所収の印刷上の過誤多き意味不明の一文は抹殺し去ることを宣言す。」と書かれてあるのが読み取れる。してみれば、単行本としては初めてだが、それ以前に改造社から「印刷上の過誤多き意味不明」なものが、なにかの全集のなかに収められて出版されていたと見ることができる。

芥川が英訳本があることを教わった和気律次郎は、アナトール・フランスの『エピキュールの園』の翻訳を出版したくて、出版社への紹介を芥川に依頼していたので、その折にこの書のあることを告げたものであろう。

初版本には、『ぽるとがる文』という書名の副題として「尼僧マリアンナの生涯とその遺した艶書五通」と書かれてあるが、本書には、——艶書五通——とあるのみである。そして、本書の本文の前には、スタンダアルの『恋愛論』から、「恋には四つの種類がある。（一）熱情恋愛　あの葡萄牙の尼僧の恋。エロイズがアベラアルに対する恋。エゼルの大尉セントオの憲兵の恋」と引用されている。なによりも、本書には、『新版ぽるとがる文自序』（新版というのは、一九三四年の版に対してであろう）が付いていて、これが佐藤の詩であることが特色である。

悲しみは智慧にかがやき　　情熱のとこしえの虹。
汝が文はここにのこりて　　汝が愛を人仰げども。
汝が霊はいづこにありや　　ありし日の愛の尼僧よ。
天国にかはた地獄にか　　いづこ行き君を見るべき。

問はまほし愛の尼僧よ　ありし日の愛の行方を。
問はまほし審判の場は　何ごとを君に説きしか。
いやふかく人恋ふる子は　咎ありや愛の天国に。

この書物の原題は、Lettres Portugaises traduites en Franncais（フランス語に訳されたポルトガルの書簡集）というもので、一六六九年パリのバルバンという書肆から出版された。それをプレステージが英訳したものを芥川が買い、その死後佐藤が借用して翻訳したことになる。

いったいこの「文」は誰が誰に宛てて書いたものなのか、また、フランス語に翻訳したのは誰であるのか。佐藤は、先ほどの英訳本からであろうが、「由来記」で、書いたのはマリアンナ・アルコフォラードという女性で一六四〇年に生まれたこと、相手はフランス軍大尉シャミリイであること、そして一六六九年一月、パリでの有名な書肆クロード・バルバンから出版されたが、「シャミリイは無論この公刊に就いて関係があったらう。少なくとも黙認以上であらう。遠征中の記念品或は一種の戦利品のやうなつもりで、彼はこの公表を拒まなかったのであらう。それに当時に於ては手紙は即ち文学であった。他人から貰ったものも、自分が人に与へたものも、さまざまの手紙の写しを配布して友人仲間に披露して賞賛を博するのが、この時代のこの国に於ての風習であった。従って真心を籠めたこの恋愛の手紙の受信人は、多分虚栄心をもってこれを友人達に披露した結果、それを見た人達に多大の好奇心と一緒にまた恐らく文学的評価の認識をもってこれを公表するに到ったかと思へる。我々の目には残酷な不真実に皮肉なこの所為も、当時としては決してさまでは不自然な事ではなかったと考へ得る。しかしさすがに筆者の名は全く完全に匿されてあった。宛名は無論、発信の日附まですべて省略せられ、我々はこれを知るために苦心しなければならない。」としている。

島田博士は、佐藤が「由来記」に書いたところよりさらに詳細な検討を加えられているが、その説によっても、筆者は尼僧マリアーネ・アルカフォラーダ、相手はシャミリー伯爵であるとされている。その主たる根拠は、有名なギリシャ研究者パリ大学教授ジャン・フランソワ・ボアソナードがそう述べており、その説にしたがって実証的検証がなされたところ間違いないことが判明したとのことである。

このギリシャ学者ボアソナードは、明治初期にわが国に招聘され主として民法典の編纂に多大な寄与をしたボアソナードの父親である。わが国では、ギュスタアヴ・エミイル・ボアソナードは数あるお雇い外国人のなかで有名な存在であり、わが国の法律学の発展には大きな功績を残したが、来日前までパリ大学教授ではあったものの、二〇年以上も日本にいたため、本国フランスではあまり学者として著名ではない。むしろ著名なのはその父ジャン・フランソワ・ボアソナードの方であって、今でも彼の名に因んだボアソナード通りがパリにある。

さて、佐藤が訳した『ぽるとがる文』についての島田博士の評価をみよう（島田前掲書中には、一部、佐藤訳文とその元となった英訳文、さらにバルバン版の仏文とが併記されて、比較対照することができる。そのことは、また、いかに佐藤訳が日本文として優れたものであるかを示してくれるのである）。

「不幸な女、泣いている女、苦しんでいる女、――こうしたさまざまな女性心理に、訳者は精通している。……ことに一九二一年以降は、『星』といい、『殉情詩集』といい、『剪られた花』といい、淡くかすかに、しかも清らかにせつない、ある好みをもった女性の心理を、描き語りつくしていた。それはあるいは、かれの芸術の精髄でもあろう。生の悲哀をしんに体験した詩人だけが放射しうる白光にあふれたものである。……どちらからみても、『ぽるとがる文』を訳すべき要因は訳者のうちに深くあったことを推定させる。……訳文はじつに見事で敬服にたえない。かれはこの「恋文」にふさわしい用語と言い回しとを、微妙に作りだした。それは内にこもる迫力の充実、魂の叫びそのもので、自然にやしなわれた表現になっている。だれでもが使う平凡な言葉と平凡な言いまわしを用いながら、それでいて切実このうえもなく訴えそそくる文章——それをつくりだすのに成功した。」と。

佐藤の訳文の一部なりとも紹介したいところだが、このようなものは一部のみを読んでもあまり意味がないであろう。興味をお持ちの方は是非本書そのものを手にとっていただきたい。

（佐藤春夫譯「ぽるとがるぶみ」人文書院、昭和四八年（新装版））

塚本邦雄「薔薇色のゴリラ」

私がシャンソンをよく聴いたのは、大学時代であった。第二外国語でフランス語を選択したり、アテネ・フランセに顔を出したりして、一過性のフランスかぶれになっていたころである。当時は海外旅行などは思いもよらず、その昔の、「フランスに行きたしと思へども、フランスはあまりに遠し、せめて新しき背広を着て、気儘なる旅に出で見ん」という詩そのままの、しかも、学生の身分とて、背広を着ることすらままならない時代であつた。シャンソンを聴き、敗戦以来あれこれ輸入されるようになったフランス映画を名画座と称する安い映画館で鑑賞して、思いのたけを晴らすのが関の山であった。

その頃に買ったレコードにピアフの「枯れ葉」がある。それは四五回転の、ルフランだけがフランス語と英語で歌われていたものだったと記憶する。歌手といえば美声の甘い声で歌うものという既成概念をひっくりかえす、錆びた声の刺々しい、どこかなげやりな歌い口で衝撃的であった。なげやりといえば、大御所ダミアの「暗い日曜日」もそうである。

ダミアのこの曲について、塚本邦雄の『薔薇色のゴリラ』(北沢図書出版、一九九五年)の「失楽園の巫女——ダミア論」では、こんなように書かれている。

「ダミアの咽喉から後頭部を周って鼻に抜けるバスがかったアルトで、ぐいぐい抉るように歌われると、たちまちその辺にどす黒い空気が立ちこめ、黴と死の臭いが漂いだす。……かてて加えて悲恋の女の遺言風の恨みつらみが縷々と続くのだ。最初の sombre dimanche(暗い日曜日)からすでにただごとではない。鼻にかかるので、「ソンブル」が「オンブル」に響く。sが抜けても、暗黒、亡霊、招かれざる客、不吉なことに変わりはない。

Je suis entrée dans notre chanbre le coeur las.(私はうらぶれた心で部屋に戻って来た)

この一行の歌い方が傑作だ。『ジュシュイザン・トゥレダンノ・トゥルシャンブル・ルクール・ラ』、迫真的、あたかも喘ぎ喘ぎ安アパートの階段をのろのろと上がって行く趣は、聴く方の息が苦しくなる。」

シャンソンを聴いてここまで感じなければよい聴き手とはいえないのであろうか。私は塚本氏の感性には敬服するけれども、この書物のさまざまな歌手についての氏の評論を読むと、その説かれるところに圧倒され、真剣勝負を挑む想いでシャンソンと向き合わなければならないような、かえって息苦しささえ覚えるのである。

ここで、ふと思い出したのが、『シャンソン　街角の賛歌』(植木浩、講談社)の中の一節である。著者植木氏は、パリの日本大使館でアタッシェをされていた方だが、「アカデミー・フランセーズがジョルジュ・ブラッサンスに大賞を授与しましたが」といったところ、アカデミシャンから、「大賞を授けたのは、ブラッサンスの詩に対してで、ブラッサンスのシャンソンにではありません。アカデミー・フランセーズはシャンソンには関心がありません。」といわれた話が載っている。アカデミシャンがシャンソンを芸術とは見ていないらしいことの当否は別として、シャンソンとは気楽に聴いてよいものではないだろうか。

塚本氏のこの書物には、「名作シャンソン百花譜」というサブ・タイトルが付いているとともに、Le gorille en rose なるフランス語も付されている。塚本氏には、まさに「花」そのものを対象にした『百花遊歴』（文芸春秋）という、二四種の花々にまつわる古今東西の詩歌を引かれた「壮大な言語美術庭園」なる素晴らしい著作があることを紹介させて頂くが、こちらのタイトルに付されたフランス語は、en rose はおそらく La vie en rose. から、le gorille は、氏がお気に入りのジョルジュ・ブラッサンスを「典雅なゴリラ」と呼んでおられるところからつけられたものと推測する。

ところで、植木氏の書物にも、塚本氏の本書にも、一九八〇年代の初めに、フランスで行われた「今世紀で一番美しいシャンソン」のアンケートによる結果、ベルト・シルヴァの「白い薔薇」が第一位に選ばれたことが記されている。塚本氏によれば、「ベルト・シルヴァは、一九二〇年代にラジオで抜群の声価を誇った。この歌以外にも幾つかの秀作があり、本国では一〇枚以上のＬＰが出ているが、わが国ではほとんど無名に等しい。」とある。このようにベルト・シルヴァについては触れられてはいるものの、本書での塚本氏の評論の対象とはなっておらず、悼尾の「Miscelleneous ――他の花々」でも、ジャックリーヌ・フランソワ、リーヌ・ルノー等々二〇名以上の歌手の名が挙がっているなかにも含まれていない。ただ、「白い薔薇」の歌詞は、本書に原語と中島美紀訳とが掲げられているので、「今世紀」（当然ながら二〇世紀である。）でフランス人が選んだ「一番美しいシャンソン」第一位の歌詞がどのようなものであるか、中島氏の訳によって紹介してみるが、何分にも長いのでその一部のみ。

歌詞は、「それはひとりの小さなパリの少年の話」で始まる。親一人子一人の貧しい母親は、白い薔薇が大好きだった。いたいけなその少年は日曜日ごとに、自分の欲しいものを買うかわりに、白い薔薇の花を母親に持っていった。

「今日は日曜日だから
はい、ママン
大好きな
白い薔薇の花だよ
ぼくが大きくなったら
花屋に行って
白い薔薇の花を全部買ってあげる
大好きなママンのために」

去年の春、運命は突然やってきて、母親は病気に倒れ入院してしまう。再び春が来て、一文無しになって市場にふるえながら立っていた哀れな少年は、花屋からすばやく一掴みの白い薔薇を盗んでしまった。驚いた花屋の娘に、少年は言った。「今日は日曜日だから病院のママンに会いに行くところなの、ぼくはこの白い薔薇の花を盗ったよ、ママンが大好きだから。小さな白いベッドの上で、ママンはぼくを待っているの、ぼくはこの白い薔薇を盗ったよ、ぼくの大好きなママンのために。」こころを動かされた花売りの娘は、優しく少年に言った。「その花を持っていきなさい、あなたにあげるわ」。母親に花をあげるために病院に走ってきた少年に看護婦が言った。「あなたのお母さんはもういないのよ。」小さな少年はベッドの前にくず折れるのだった。

「今日は日曜日だから
はい、ママン
大好きだった
白い薔薇の花だよ
空の上の
大きなお庭に行くのだったら
この白い薔薇の花を
もっていくといいよ……」

C'est aujourd'hui dimanche
Tien ma jorie maman,
Voici des roses blanches
Que ton coere aime tant.

今日は日曜日だから
ほら、ぼくのきれいなママン
ママンの大好きな
白い薔薇の花だよ

安っぽいセンチメンタリズムかもしれないが、この歌詞を紹介しながら、ふとジーンとくるものを覚えるのである。

（塚本邦雄「薔薇色のゴリラ」北沢図書出版、一九九五年）

塚本邦雄「百花遊歴」

『薔薇色のゴリラ』に引き続きで、ほかの著者のものを題材とすべきであろうが、本書は、私が珍重する一冊であるのでお許し願いたい。著者は、「開花の詞」において、「ここに設けた詩歌植物園は、有り得べき、壮大な言語美術庭園のささやかな縮図にすぎない。」とされているが、二四の花々が採り上げられているに過ぎないとはいえ、繰り広げられている言語美術庭園の壮大さは、読み手を圧倒するものがある。

『薔薇色のゴリラ』でその片鱗を紹介したが、塚本氏の博識と感性の豊かさは、以下のようなものである。

「くちなしの花季は永い……一重の、普通の梔子は五月下旬から咲き始め、八重梔子は七月中旬にもまだ咲き誇つてゐるから、梅雨に入る前から明けて土用に入るまでどこかであの甘い濃厚な香りが漂つてゐることになる。泰山木の花季が梔子と重なる……ともあれ、六月は純白の、芳香を放つ花が木木に咲き溢れ、緑青の葉交に連日雨滴の水晶の雫が落ちる。石畳や塀や壁は勿論、家具調度に衣類まで湿りを帯び、三日に一度、五日に二度、真青に晴れ上がった空から朱色の太陽が覗くと、その色の柘榴の花が、何の香りもなく、血しぶきのやうに咲き出す。人はこの花花と天地の躁鬱状態にもてあそばれ、気もそぞろになり、恋は破れ、あるいは淡い憎しみが転じて宿命的な愛が生まれる。愛するものに贈る一枝に、盛りの梔子はふさはしい。」

花屋に行くと、ガーデニアは売っているが、切り花として梔子を売っているのは見たことがない。おなじ甘い濃厚な香りのなかにどこか辛さのあるようなジンジャーも、花茎の先に重なり合ったようにつく花が下の方から順次咲くくせに、咲いた花は一日で萎れてしまうせいか、花屋が仕入れを敬遠するのであろう、手に入れることはむつかしい。

梔子の花は古来染料として使われていたのだが、万葉集にはこの花を詠んだ歌は一首もないそうである。蕪村あたりにもないらしく、塚本氏いわく、「この花の鮮烈な姿と香りは、やはり近代まで待たねば認められなかったやうだ。」と。梔子は茜草科であり、茜草の方はその根が染料に用いられたことは知られている。こちらはもはや絶滅種に近いといえそうである。かつての住まいの庭には梔子があったのだが、泰山木ともども転居するときに置いてきてしまった。珈琲の花も白色または乳色の五弁花で芳香を放ち、しかも思いがけず低温に耐え、ただ霜にだけ弱いそうだから、たまに根つきで売っているのを見かけるので、いずれ植えてみようかと思う。

くちなしの香もこそ人をおもへとや

成瀬桜桃子

薔薇について、塚本氏は次のように言う。
「薔薇の一通りの品種を植えるなら、すべてを廃してひたすらこの女王に仕え奉る園丁とならねば、結果は知れているのだ。だから私は薔薇を植えない。」と。

私の薔薇の栽培歴は、時問的長さからすると半世紀近くにおよぶ。しかし、買ってきてはただ植えておくだけだから、この直前に氏が、「あの驕慢で繊細な木は、片手間仕事の栽培ではろくな花をつけない。曲りなりにも華麗な花を咲かすと葉が汚れたり蝕まれたりする。旱も霧雨も嫌ひ、肥料は充分に吸ひたいくせに、施し方がいささか狂ふと、途端に葉ばかり茂りだす。剪定をしないと藪、しすぎると先祖還りをして野茨の花をつける。」と、書かれている通りであって、ちょっと目を離すと、病気になり、蟲に喰われ、夏の日照りに負けて、八月ころには葉がほとんど落ち、見るかげもなくなってしまう。そうなると、いまさら世話もできるかと放り出してしまうから、翌年のよい花は望み得べくもない。懲りもせずに繰り返しているのは、たまたま多少はまともに咲いた花の、いずれの色にせよ、咲き初めの八重に重なった花びらの絶妙な姿態と色艶、切花として売っているものとは比較にならない清楚な香り、その悪魔的といえるほどの美しさに魅せられるからにほかならない。素朴なオールドローズを好む人もあるようだが、私はやはり濃厚な八重咲が好きである。

ブルガリア地方で薔薇の花を集めて花精油を蒸留するところをテレビで見たことがある。一家総出で早朝から花摘みにでかけ、トラックの荷台一杯に集めて蒸留所に運ぶのだが、これでできる花精油はごく僅かである。本書によれば、一キロの花精油をつくるのに四トンの薔薇を必要とするとある。この原料とする花は、ダマスク・ローズであった。房咲きの、一日で花芯まで開いてしまい、次の日に触れるともう花びらが散る。そのかわり次々に咲いて、バラ色は濃く、八重咲きの桃の花に似ている。甘い白粉のような匂いである。葉は緑色が薄く艶がない。細かな棘がびっしりと茎に生えていてしっかりと身を守っている。原種に近いくせに病気にも蟲にも強くない。我が家に一株あるのである。

塚本氏の本書には、青薔薇や緑薔薇の作出に熱中したあげく、ついに精神を病んでしまう栽培家の話から、薔薇ジャムの作り方まで紹介されている。

薔薇は薔薇の悲しみのために花となり
青き枝葉のかげに悩める　若山牧水

「於母影」にはこんな詩もある。

わがうへにしもあらなくに
などかく落つるなみだぞも
ふみくだかれし花薔薇
世は汝のみのうきよかは

まことに綺麗な詩だが、これは街娼を詠ったものであるらしい。

（塚本邦雄「百花遊歴」文芸春秋、一九七九年）

坂口和澄「三国志群雄録」

調べたわけではないから、とりあえず、坂口和澄『三国志群雄録』（徳間文庫、二〇〇二年）の「序に代えて」から引用する。これによれば、羅貫中が『三国志通俗演義』をあらわし、その基となっているのが陳寿の正史『三国志』であるとのことである。『三国志通俗演義』は小説であり、「七分が史実、三分が虚構で、読者は往々惑わされる」ので、坂口氏は、三分の虚構を明らかにするためにこの書物を書いたとされる。

この書物は、三国志時代の英雄・豪傑の列伝ともいうべきものだが、張飛について、以下に紹介するエピソードは載せていない。その前に、張飛の字は、私が愛読する湖南文山訳『通俗三国志』（有朋堂文庫）では、翼徳であるが、『三国志群雄録』でも、陳舜臣の『小説一八史略』でも、益徳である。後者が正しいらしいが、後出の三好氏の『三国志外伝』では、彼が曹操軍を睨み返した長坂橋の袂には、清代に『張翼徳横矛処』という碑文が立てられたそうだから、どちらなのであろうか。彼については正確な生年もわからないらしい。

さて、このどんぐり眼で虎鬚の豪傑張飛には、可憐な妻がいた。三好徹の『三国志外伝』(光文社、二〇〇三年)の「張飛の妻」によれば、劉備が曹操に敗れ、関羽が曹操に降ったとき、張飛は一人逃れて山賊の親玉のような暮らしをしていたが、そのとき暴漢に襲われていた少女を偶然に助けた。この少女は、曹操の縁者でもある勇猛な将軍夏侯淵の姪であって、夏侯月姫という名の美少女であった。張飛はこの少女を妻とし、後に二男二女をもうける。このうち女二人は、相次いで劉備の息、すなわち後主劉禅の妃となり、張皇后、敬哀皇后とよばれることになる。いかに母親が美人でも、父親が武勇に優れてはいるがとんでもない醜男だったら、後に妃になるほどの器量良しは生まれないであろう。姉の張皇后は、劉備が望んで息の嫁にしたようである。してみれば、張飛も案外いい男だったかもしれないのである。この話は、『通俗三国志』には出てこない。三好氏の創作かと思ってみないでもないが、三好氏は、建安五年(二〇〇年)のことだったとし、典拠は、『三国志』の中の「夏侯淵伝」に引用されている史書『魏略』にあり、「張飛の得る所となる。飛はその良家の女たるを知り、遂に以て妻と為す」と記されている、と。

曹操は、魅力的な人物である。『演義』では、善玉の劉備に対比させてもっぱら悪玉に描かれているが(この点については、井波律子『三国志曼荼羅』(岩波現代文庫、二〇〇七年)のなかに、「曹操姦雄伝説の形成」という一章がある。)、時代に先駆けて合理主義者であるところは、わが国でいえば織田信長に似ていまいか。もっとも、信長が、ことあるごとに「人間五〇年、化天のうちに比ぶれば」と謡う程度なのに対して、曹操は、吉川幸次郎博士が、インテリで、文化人で、とりすました非能率的な、議論倒れの後漢の生活に反発し、それを大胆に吹き飛ばした、「飛躍を欲する歴史の先頭に立って、大きな飛躍をした人物である」（『三国志実録』筑摩書房、昭和三七年）と評価した、武人であるとともに詩人でもあった。

曹操の詩については、私は、陳舜臣の『曹操』（上・下、中公文庫、二〇〇一年）、同『曹操残夢』（中公文庫、二〇〇八年）に引用されているものを見た程度であり、もとよりそれが中国の詩としてどれだけ優れているものかを判断する力もない。ただ、陳氏の『曹操』（下）の「志は千里に在り」の章に引かれている「歩出夏門行」の「神亀雖寿」ではじまる節中の、「老驥伏櫪　志在千里　烈士暮年　壮心不已」という言葉が好きで、書家の友人に色紙に書いてもらった。顧ればすでに私はこれを詠じた曹操の歳よりはるかに暮年となっているのである。

後に漢を簒奪して魏帝となった曹操の長男曹丕もまた文人であった。丕には詩（前出の井波氏の書には、「七言詩の先駆者、曹丕」として、彼の「燕歌行」が代表作として引かれている。）のほかにも小説（「小さな「説」）『列異伝』（「六朝・唐・宋小説集」（中国古典文学全集）平凡社、昭和三四年）がある。同書の「解説」によれば、もと三巻あったが伝わらないとして、「泰山の知事」ほか三編が載せられているに過ぎない。「泰山の知事」は、死んだ息子が母親の夢に出てきて、生前は公卿の子として楽をしていたが、死後には役所の小使として苦労をしているので、どうか孫阿という人に頼んで楽な仕事に換えてもらって欲しいと懇願する。頼みを引き受けた阿は死んでしまうが、死後泰山の知事となって頼みを聞いてやったらしく、また息子が夢枕に出てきて、転任させてもらって楽な仕事についたと報告したという、他愛のない話である。さきほどの「解説」では、「この書物の中には、南斉のころの話も含まれているので、大分後世の人の手が加わっているものと推察される。」とある。ただ、皇帝でありながら、このような小説を編んだ丕という人物、陳氏の『曹操』では、親である曹操ですら丕の人間性が読めないとされている人物だが、「燕歌行」の旅に出た夫の帰りを待ちわびる妻を歌った哀愁といい、どこか親しみを覚えるところがある。因みに、丕には、「文章は経国の大業にして不朽の盛事なり」という言葉がある。

関羽は、後世、関帝として祭られるほど偉大な武人だが、武芸の神様というよりも商売繁盛の神様として信仰されているようである。その謂れは、彼が解という土地の出身であり、解には解池という塩湖があり、塩の売買は官営事業であったが、官の目を掻い潜る闇の塩商人達の用心棒を勤めていたらしい経歴に由来するらしい。『演義』では、義に厚い英雄に描かれているが、その末路は、英雄の最後にしては「麒麟も老いては駑馬に劣る」の喩えそのままに哀れさえ催す。曹操に、秦宜禄の妻を自分に与えて欲しいと懇願するあたりは、夫人に恋々として英雄らしくもない印象である（このところは、坂口氏の『三国志群雄録』による。）。

劉備の輩下で、武勇抜群、功に驕らず、女色にも惑わされず、数え切れぬほどの戦場にありながら、天寿を全うした英雄らしい英雄は、やはり趙子龍であろう。「その人の生前の功績・罪過・性格を考え併せて贈られるのが謚号だが、彼に贈られた『順平候』の三文字には、節度ある行動と華々しい戦功に飾られた趙雲の生涯が、みごとに凝縮されているではないか。」というのが、坂口氏の謂いである。

なぜか昨今は三国志ブームのようで、「赤壁」という映画まで作られるようになった。書物でもさまざまな作者のものが書店に並べられているが、井波律子氏も書いておられるように、私は湖南文山の仕事にまさる訳書はないと思っている。有朋堂文庫『通俗三国志』の校訂者石川核の「緒言」によれば、「作者文山は元禄時代の人、伝詳らかならず」とあるが、文山の訳は実に口調がよいのである。ちなみに、曹操が赤壁に陣を構え、諸将を集めて酒宴を催すところのごく一部のみ引いてみよう。

「時は建安一三年一一月一五日なり。殊さら天気快く晴て風静に浪平なりければ、船中に酒宴を設て諸の大将を集けるに、漸く暮に及て東の山の端に皓々たる月指上りて、其光白日の如く、一帯の長江素練を引くかと怪る。」。おもむろに曹操は立上がって矛を横たえ自作の詩を吟ずるのである。

酒に対してまさに歌うべし　人生いくばくぞ　たとえば朝露のごとし……
憂思わすれがたし　なにをもってか憂いを解かん　ただ杜康（酒）あるのみ

戦いを前にした武人の感懐にしてはいささか感傷に過ぎた詩である。

ここに描かれた情景忘れ難く、ある一日私は長江下りの旅に出かけたのであった。

（表題の書物の出版社・出版年は本文中に記載）

井波律子「中国の五大小説」上・下

三国志演義、西遊記、水滸伝、金瓶梅、の四大奇書に紅楼夢を加えて、五大小説という。その特徴を一字に凝縮すれば、「武」「幻」「侠」「淫」「情」となり、これらはいずれも白話小説であるとともに章回小説――初回から最終回まで、一回ずつ区切りながら鎖状に回を連ね語りすすめてゆくスタイルをさす。各回の末尾には必ず「且く下文の分解を聴け」という決まり文句が置かれ、これを受けて次なる回が始まる仕掛けなのである。本書は、上巻に三国志演義と西遊記を配し、下巻に水滸伝、金瓶梅、紅楼夢を配して、「上下は同じく章回形式をとりつつ、それぞれまったく異質な物語構想によって展開される五大小説の物語世界を、ストーリー展開に沿って探求しよう」とするものであるが、回目（表題）は、『演義』の最古の版である嘉靖本では全二四〇則、第一則が「天地を祭り　桃園に義を結ぶ」第二則が「劉玄徳寇を斬りて　功を立つ」であったものを、その後に全一二〇回として回目も「桃園に宴し　豪傑　三たり義を結び、　黄巾を斬りて　英雄　首めて功を立つ」というように対句表現となる。「こうして二則を合わせて一回とし、回目に対句表現を用いたことは、物語を立体的に膨らませるうえで絶大な効果があった。それは、回目の対句表現が示すように、常に二様の視点を交錯させながら、物語世界を複合的に展開してゆくことを可能にしたのである。」。

以上は、本書の「はじめに」から引用した。私はこの五大小説の金瓶梅、紅楼夢を除いての三書については「有朋堂文庫」で愛読したのだが、各回の回目（見出し）にここまでの意味があるとは気がつかなかったので、これは著者によってあらためて教えられたところである。

本書は、五大小説の梗概も教えてくれるのだが、著者のこのような視点に基づいて、上下巻ともに末尾において、各書の章回回目がすべて掲げられている。『演義』の第一回の回目は、先に引用した通りなのだが、湖南文山訳の有朋堂文庫『通俗三国志』では、目録（目次）を見ると章回立てとなっておらず、いわば各則の見出しが羅列してあるにすぎない。始めは「祭天地桃園結義」であり前出の回目の前半と合うものの、次が「劉玄徳破黄巾賊」であって、嘉靖本の第二則とも異なるし、著者の示す第一回の回目の後段とも合致しない。そのことはとにかく、湖南文山訳の有朋堂文庫では、各則の則目は著者のいう対句表現とはなっていないのであるが、ということは、「二様の視点を交錯させながら、物語世界を複合的に展開」する構成とはなっていないということになるのであろうか。ともあれ、湖南文山の訳業は非常に口調がよい。この点は、本書著者井波氏もどこかで認めておられたように記憶する。

西遊記の方は、『絵本西遊記』という書名で、北斎の挿絵がところどころに付されたものだが、こちらは回立てではなく巻立てであるが、巻之一は「霊根孕育源流出　心性修持大道生」「悟徹菩提真妙理　断魔帰本合元神」で、本書の回目に合致するものの、一・二回を併せて一巻となっているのである。水滸伝については、有朋堂文庫の書名は『新編水滸画伝』でやはり北斎の挿絵入りであるが、こちらは、本書の一回が一巻となっているものの回目と巻目（？）とは合致しているので、「二様の視点の交錯」は果たされているといえようか。ついでにいえば、有朋堂文庫では、『通俗三国志』は上・中・下の三冊、『絵本西遊記』は一冊、『新編水滸画伝』は一から四まで全四冊の構成となっている。

ところで、平凡社は、むかし中国古典文学全集を出したが、その一三と一四が西遊記にあてられている。その一四『西遊記　下』の末尾「解説」では、「わが国人に、西遊記が読物としてはじめて提供されたのは、宝暦八年（一七五八）……口木山人（西田維則）等によって訳された『通俗西遊記』三一巻がそれである。……ついでは文化三年（一八〇三）、同じく口木山人等によって着手された『絵本西遊記』四〇巻。この訳業は約三〇年の日子をついやして天保八年（一八三八）に功を終えた。両書ともテキストを西遊真詮にとり、その梗概をのべたに過ぎないが、この訳業によって、西遊記のあら筋がはじめて、わが国の大衆に伝えられたわけであり、中国文学移植史上における両者の功績は不滅である。しかし、訳業とはいえ、原著の梗概をやや忠実に伝えたというに止まり、翻訳とは、およそ縁の遠いものであったことはぜひもない。」とある。私が、愛読したと書いた有朋堂文庫の『絵本西遊記』は、まさにこの「翻訳とは縁の遠い」ものであり、中国古典文学全集では上下二冊活字は三段組のものが、今で言う新書版程度の一冊に収まっているのだから、はなはだしく省略されたものといえよう。しかし、素人の読み手としての私には、全体の粗筋を知り、孫悟空の活躍に喝采するには十分である。ちなみに、中国古典文学全集の『西遊記』はテキストを西遊真詮にとり、いままで完訳されたもののなかったところわが国初の完訳本であり、しかも翻訳にあたっては「原書の一字一句もゆるがせにせぬという態度で一貫した」（下「解説」）ものであるからから、読み比べて見れば、『絵本西遊記』がどの部分を省略して訳出したか、あるいは誤訳しているかは分かるのだが、彪大な箇所になりそうだし、そこまではここではしないことにしよう。

西遊記に関して、少しばかり。まず、全編を通して活躍する孫悟空は、猿ではなく猴である。有朋堂文庫では、「化して一つの石猴となれり」とあるが、本書では、「一匹の石猿と化す」とある。わが国ではサルはもっぱら猿が用いられるが、これはテナガザルのことで孫悟空は手の長くないサルだから、猴が用いられる。著者は猴では馴染みがないことを思って猿を用いられたのであろう。真詮本の訳書の第一回でも、祖師（名前は不明である）から孫悟空という名を貰う前に彼が自称していたのは美猴王であった。

本書でも中国文学者中野美代子氏の著書でも指摘がないが、ラーマーヤナではハーヌマンという猿の神様が活躍するのだが、このことは孫悟空の話には影響を及ぼしていないのであろうか。中国古典文学全集本を見たところ、（上）の「解説」において、微妙な表現ながら、ハーヌマン（同書の訳者すなわち解説者は、ハヌマットとされている）と孫悟空との関係を肯定しておられる（同書三五六頁以下）。

生まれ変わって三蔵玄奘となり取経に成功して解脱するまで、すなわち西遊記全編を通じて九九・八一の災難が設定されている。三蔵たちはこれを乗り越えていかなければならないのだが、著者井波氏がこれを如来が三蔵一行に与えたイニシエイション（解脱にいたる通過儀礼）の旅と見ているのは、なるほどと思った読み方であった。

三蔵一行が釈迦如来のおわす大雷寺にいたり、いよいよ経を貰うことになったとき、阿難・迦葉尊者が三蔵に手土産を要求するくだりがある。なにも渡さなかったため三蔵がはじめ貰ったのは白字の経、経巻になにも字の書かれていないお経であった。あとでこれに気づいた三蔵は有字の経に代えてもらうのだが、そのとき如来に対して、阿難・迦葉が賄賂を要求したことを難ずるのだけれども、如来は弟子たちの行為を肯定して「経は軽々に伝えてはならず、空手で求めてもならぬのだ」というのである。結局三蔵は、唐土から携えてきた紫金の鉢を与えて有字の経を貰うのだが、「阿難はそれを受け取りにこにこした。周りの尊者たちは、『恥知らず、恥知らず。経をやるのに土産をねだるなんて』と冷やかすのであるが、阿難は恥じたけれども鉢はしっかり抱えて放さない。」となっている。実は読んでいて、この如来や阿難の行為を合点がいかないことと思ったまま過してきたが、このことについて、本書では、「釈迦如来が君臨するこの霊域にも伝統中国の官僚社会と同様、賄賂や袖の下が横行し、トップリーダーの釈迦も、暗黙のうちにこの悪習を認めているというわけです。これぞ辛辣な風刺精神によるブラックユーモアであり、「聖」のなかに「俗」を盛り込む西遊記世界の真骨頂といえるでしょう。」とあり、これも著者により教えられた一つである。

終わりに、著者が『西遊記』という書物をどのようにとらえているのかを示しておく。「よみがえりの約束のある、予定調和の物語であるために、『西遊記』の読者は何があっても主要キャラクターは絶対に死なないという安心感をもつことができます。そもそも西天取経の旅じたいが釈迦如来によって仕掛けられたイニシエーションなのですから、これがまた西遊記世界に一種のゲームにも似た遊び感覚をもたらしています。そこに変化の話も頻出し、『現にあらざるものに変わりたい』という変身願望も満喫させてくれます。こうして、この世ならざる融通無碍な世界を人工的に作りあげた『西遊記』は、めったにお目にかかれない上質のエンターテインメントにほかならないのです。」。

（井波律子『中国の五大小説』上・下、岩波新書、上二〇〇八年、下二〇〇九年）

井波律子「中国文学の愉しき世界」

私には、面倒臭がり家という性癖があって、もの事をキチンと仕上げられないという欠陥がある。頭の方もそうであって、突き詰めてあれこれと考えたり、さまざまに推理をするというのは苦手である。推理小説を好む人は作者と知恵比べをしながら犯人探しをするらしい。中国文学者の井波律子氏も、その著『中国文学の愉しき世界』(岩波書店、二〇〇二年)のなかで、「推理小説病」と題して、「子供のころから数年前まで、推理小説を一冊読まないと眠れないという変な癖があった。犯人の目星をつけ、それが当たると安心して熟睡できるのである。」と書いておられ、読むにしたがって犯人を推理されているのである。

私も推理小説は読むが、誰が犯人かなどは考えずに、ただ筋立てを追って結末に至るのみで、犯人の目星がつくまでは眠れないなどということはない。作者からすれば、あまり歓迎されざる読者ということになる。

このような性癖だから、根気のない私には、推理能力を必要とする暗号解読などはとても向いていない。暗号解読をテーマにした小説は、ポーの「黄金虫」を白眉としよう。解読そのものの仕事としては、第二次大戦中のドイツ軍の暗号エニグマの解読は著名であるし、シャンポリオンのロゼッタ・ストーンの解読も暗号解読の手法が用いられている。

暗号とは異なるが、長い文章をどこで区切るかで意味が違ってしまう場合がある。井波氏の「推理小説病」には、中国での例が引かれている。ほぼ千年まえの宋代に、伝説の名判官包拯なる人がいてその公案（裁判事件）が、一六世紀末の明末には「包公案」という短編小説にまでなったそうである。そのなかに出てくる事件であるが、以下に原文を引用する。

「子供は娘ひとりだけの財産家に、八〇歳になって息子が生まれた。幼い息子に全財産を譲りたいのは山々だが、そんなことを言うと、邪悪な娘婿が幼い息子を殺しかねない。そこで彼は一計を案じ、こんな遺言状を残して死んだ。『八〇老翁生一子、人言非是吾子也、家業田園尽付与女婿、外人不得争執（八〇の老人に子供が生まれ、人は実子でないと噂する。財産はすべて娘婿に譲る。他人は文句をいうな）』。二〇余年後、成長した息子は相続権を主張したが、娘婿は遺言状を盾にガンとして譲らず、裁判沙汰となる。ここに登場するのが名裁判官の包拯。彼は遺言状の句読を切りかえ、『八〇老翁生一子、人言非、是吾子也、家業田園尽付与、女婿外人、不得争執（噂はデタラメで、息子は実子だから全財産を譲る。他人の娘婿は文句をいうな）』と解読、息子の相続権を全面的に認めた。」と。

わが国では、かな書きの俳句の濁点の打ち方次第で意味が変わるという例を、高校で国語の時間にならったことがある。

すきかれてたてたくひなきあしたかかな。

これを、「すぎかれて、たけたぐひなき、あしたかな（杉枯れて、竹（武）類ひなき、あしたかな）」と読めば、武田方を称えたことになるが、「すぎかれで、たけだくびなき、あしたかな（杉枯れで、武田首なき、あしたかな）と読めば、上杉方に組し、武田方を貶めたことになる。

すでに高校卒業から五五年、これを教わったのは一年次のときだから五七年前のことである。昨日のことは忘れても若年のことは忘れないという老人性記憶の現れであろうか。

中国人の裁判官では前記の包拯の他に、武則天に重用され宰相まで勤めた狄仁傑という人物がいる。この人については、陳舜臣『小説一八史略』（五）（講談社文庫）でも友情に厚い清廉な人柄として描かれている（三一〇頁以下）が、推理小説ファンにとっては、ロバート・ファン・ヒューリックの「ディ判事もの」の主人公として（その殆どがハヤカワ・ポケミスに収められている。）お馴染みであろう。狄仁傑が活躍したのは七世紀末のころだから、先述の包拯よりもかなり昔のことになる。

この井波氏の本書には、「奇想小説の世界」というエッセイもあって、そこでは、洋・中・和にわたって井波氏いうところの奇想小説のいくつかにかかる評論が掲げられている。洋もので冒頭に出てくるのは、H・R・ハガードの『洞窟の女王』である。井波氏は、これを「時空を超える、その物語幻想の迫力には圧倒された。」と褒めている。私も子供のころ読んだ記憶があって、自らの手で殺した愛しい男に再会するまで二千年の間、若さと美貌を保ち続ける不滅の女神アッシャ、洞窟の奥深く燃え盛る生命の炎に全裸の身を投じて、不死の若さを蘇らせるシーンは明瞭に覚えていたが、いま更めて読み返してみると、いささか古色蒼然たる冒険物語であって、火で再生するところはフェニックス伝説を想起させ、さほど圧倒される感を抱くことはできなかった。このエッセイには井波氏が専門とする中国小説ももちろん採り上げられている。お薦めは『唐代伝奇』、『聊斎志異』などだが、ここは素人の私には手が出ない。嬉しかったのは、和では、上田秋成の『雨月物語』と泉鏡花の「眉かくしの霊」が選ばれていたことである。『雨月物語』では、氏は、「蛇性の婬」を挙げられる。私は「白峯」を推すが、中国ダネということで氏が「蛇性の婬」に惹かれるのは納得である。鏡花については、私もかつて書いた雑文のなかで、「眉かくしの霊」を選びその最後の一文を文中に引用したが、井波氏もまったく同じく次のように書いておられる。

「たとえば、『眉かくしの霊』では、最後に美女の幽霊が旅館の一室に出現し、眉のそりあと青々と、「似合ひますか。」といった瞬間、「座敷は一面の水に見へて、雪の気はひが、白い桔梗の汀に咲いたように畳に乱れ敷いた。」と、まことに背筋の凍るような恐怖幻想で結ばれる。」。

最後に井波氏の奇想小説感を紹介しよう。「奇想小説においては、過去と現在、現実と非現実、人間と人間ならざるもの等々、常識では截然と分離されるものが、瞬時に混淆し溶け合い、読者を現実の文脈と異なる、不思議な夢の世界に誘うことだけはたしかである。」と。

（表題の書物の出版社・出版年は本文中に記載）

島田謹二「日本における外国文学」(上巻)

「創作にタネがあるとか『翻案』とかいうことは、日本にかぎらず外国の文壇でもしばしば論議のまとにされる」「いったい、こういう問題がおこるのは、文学研究で、いわゆる『材源』の意味が明らかになっていないためである。つまり作家は、いつも純粋なインスピレーションによって書き、書物からきた材源を用いてはならぬというまちがった意味のロマンティシズムがまだ残存しているためである。そんな考えにとらわれていてはたいへんなことになる。作家はタネを借用してもすこしもかまわない。そこに新しい形、新たしい命が生まれでれば、少しもさしつかえない。模倣や真似はなぜ悪いのか。タネがわかったからというて、作家が恥じる必要があるかどうか。——そうした問題にたいしてはいくつかの議論が行われているが、しょせん文学においては、どこから何を借り用いようとも、りっぱに使いこなせる人が勝ちなのである。比較文学は、作品の材源をいつも取りあつかうが、それをただ作家のアラ探しと誤認されては心外である。」

「永井荷風も、芥川龍之介も、谷崎潤一郎も、純粋に『創作』の人とみられているが、この人びとは西洋文学を、直接に原典に即して吸収した点がじつに多い。しかもそれが、この人びとの『天才』の、思いがけず大きな部門を占めているのではなかろうか。さらにまた泉鏡花、北原白秋、佐藤春夫らになると、日本語に移し植えられた西洋の翻訳文学から滋味を摂取して、新体の文学を生んだ。そういう関連を今までの文学史家はあまり考えなかったように思う。これからはそういう媒体となった『翻訳文学』についても相当な研究をほどこしておかなければならない。」

「原典を直接読む作者はごく少数で、たいていは翻訳によって外国文学を知り、それを消化し、自分のものとして打ち出しているのが実相である。だから『媒体』の研究は、きわめて重要である。媒体のあり方によって、また作家のうけとり方によって、原作も変わってゆき、作家も変わってゆく過程をきわめることは、比較文学の一つの重要な分野になってくる。萩原朔太郎の源流として、生田長江訳ニイチェを研究すること、泉鏡花の血肉に同化した馬場胡蝶訳モーパッサンを探ることなどは、その一例である。」

（「序の章　私の比較文学修業」より）

私の蔵書にはこの書の下巻がない。おそらく、昭和五〇年で上巻が五六〇〇円という価であったから、私の専門に関する書物ではないし研究費で購入するのも気が引けて、しかし、かなり高価であるために私費で買うのを躊躇ったからであろう。いま思えば碩学の名著を惜しいことをしたものである。読み返してみて、あたりまえの話だが、本書に記されたところには、博引傍証、文字通り眼から鱗が落る思いがする。文学の研究とはこうでなければなるまいと思うのだが、一代の碩学にしてはじめてこのような仕事がなせるものに違いない。そのほんの一例を挙げてみよう。

現在は百年に一度の不況とされ、多くの若者が職を失っている。そのなかにあって、ある外食産業の会社が人助けとして、新規に正社員を募集することが話題となっており、その採用面接を受けた一人にテレビ局がインタビューをしていたが、「蜘蛛の糸ですね。」と答えていたのが印象的であった。いうまでもなく、芥川が鈴木三重吉の求めに応じて『赤い鳥』に寄せた「蜘蛛の糸」が答えた人の頭にあったのであろう。職をなくした人にとっては、この会社に応募できたことは、地獄での苦しみを救ってくれる蜘蛛の糸のように感じられたのであろう。私は一見普通の若者に見えたこの人の当意即妙な答えに感心したのである。本書では、この芥川の作品「蜘蛛の糸」は、東洋学者ポール・ケーラスの Karma : a story of early Buddism のなかの「The Spider Web」という話と、ドストエフスキイの『カラマゾフの兄弟』のなかにある「葱の話」をタネにして書いたものであることが、明らかにされているのである(本書、六二一頁以下)。

冒頭に引用した島田博士の文中には名前が出ていないが、本書には、泉鏡花の師である紅葉山人も外国文学の影響を受けていたことが述べられている。その証左といえるであろうところを、『新編・泉鏡花集』のなかにみつけた。それは、小栗風葉と鏡花とが、記者の質問に答え、談話という形で「紅葉先生」を『明星』において語ったものである。

はじめは両人が門下生になったいきさつ、ついで紅葉の作品についての感想、そして紅葉の読書についてという質問に答えて、風葉が次のようにいうのである。

「先生はご病気になってから、欧州現代の有名なものは、皆一通り読破されました。ゾラなぞは以前からお読みのようでしたが、御病中僕の知っているものでは、一番始めにダヌンチオ、それからメーテルリンク、トルストイ、チェッホフ、それからビヨルソン、イプセンなぞのお話も能く伺いました。稍古い所では、例の『ノートルダム』のユーゴー、ツルゲネフ、ツルゲネフの『散文詩』は余程お好で、己も年来こういうものを書いてみたいと思っていた……ダヌンチオや、メーテルリンクについての御批評なども聴いて居りますが、一寸世間一般とは見方の違う所がありまして、なかなか面白い一家の見を立てておいでです。」

また記者が「大きく言うと先生の崇拝の書、小さく言うと好きな書は、どんな本ですか。」と聞いたのに、やはり風葉が答えて、

「今でもセークスピアはお好きのようです。偏狭な近代思想を書いたものよりは、イプセンなぞのドラマよりは、矢張セークスピアの方が読んで飽かないと仰ってでした。」。

この談話が『明星』に掲載されたのは明治三六年一一月である。すでにして紅葉は胃がんに侵され病の床に臥していたと思われるが、その病中にあってこれだけの読書をしていたのであろう。私には、紅葉のどの作品にこれら「欧州現代」の作家が影響を与えていたかを実証することはできない。私自身は、紅葉よりも鏡花を好むので、島田博士がいわれる「鏡花の血肉と化した」モーパッサンがどんなところに顔をだしているのかが気になるところなのだが、これまでは全く気がつかなかった。鏡花の『婦系図』の酒井先生はドイツ語教授であり、主税も書生時代に先生からドイツ語を仕込まれた話になっているし、鏡花自身ハウプトマンの『沈鐘』を訳しているところから、ドイツ語は多少読めたのではないかと推測できるので、全くのあて推量だが、影響を受けたとすればホフマンやシャーミッソーなら首肯できない

でもない。むしろ、鏡花が大きく影響を受けたのは中国ものではあるまいか。一つだけ例を挙げてみよう。

『酉陽雑俎』の「油売」に、蝦蟇に乗った茸が油を売りに来る話がある。蝦蟇が驢馬に、茸が笠を被った人に見えたので、人々は油を買ったところ官人に出会ったのに道を譲ろうとしなかった。官人の従者が無礼者とばかり頭をポカリとやると頭がコロリと落ちて正体がばれたという。これを少しくアレンジしたのが鏡花の「雨化け」である。一例に過ぎないが、どうも鏡花の怪異譚を読んでいると中国ダネではないかと思われるものが多い。先ほどの紅葉の読書傾向に対する問いにはすべて風葉が答えているところといい、鏡花はあまり西欧の作家のものには関心がなかったのではないかという気がするのだが、別に島田博士の言に素人の門外漢が異を唱えるつもりではない。今後鏡花を読み返す折には、どこにモーパッサンが顔を出すのか気にしながら読むことにしよう。

(島田謹二「日本における外国文学」(上巻)、朝日新聞社、昭和五〇年)

ダントルコール「中国陶瓷見聞録」

美術品のオークションで有名なサザビーが出したCONCISE ENCYCLOPEDIA OF PORCELAINには、マイセン磁器の創作者ヨハン・フリードリッヒ・ベトガーは一七一九年に三七歳で死亡し、その後、グレゴール・ヘロルドによってマイセン窯に豊な色彩のパレットがもたらされたと記してある。ベトガーのころのヨーロッパには、中国から輸入される繊細な磁器は王侯貴族たちの垂涎の的であった。いうまでもなく、当時のヨーロッパにはこのような磁器を作成する技術がなかったからである。

ジャネット・グリーソン『マイセン』（南条竹則・訳　集英社）は、このベトガーがザクセン選帝侯アウグスト王の命により、白磁の制作に苦心した話を述べたものである。面白いことに、ベトガーは錬金術師として有名であったので、王ははじめベトガーに「賢者の石」を作り出すことを命ずるのであるが、もとよりすべてを黄金に変える「賢者の石」などが生み出せるはずがない。王宮に幽閉され、できなければ命を奪われかねない環境のなかで、ベトガーは必死に努めるのだが、ついには、中国船載と同じ様な白磁を作り出す約束で勘弁してもらうのである。この書物の原題は、THE ARUCANUMで、これは

「秘法」を意味するラテン語である。磁器の作出はまさに「秘法」の産物なのであった。王の幽閉から脱走しようとしたり、秘法を盗み出そうとする者がいたりで、波乱万丈のストーリーもあるのだが、とにかくベトガーはどうやら白磁まがいのものを作り出すところまでは漕ぎつけたようである。前出のサザビーの本には、ベトガーの死後だが一七三〇年制作の壺の写真が掲載されている。絵柄は花蝶でまったく中国風であり、繊細な金彩で縁取られた、白磁の白さにやや透明感が欠けているが、なかなかのできのようである。

本書は、フランス人イエズス会士ダントルコール（d'Entorecolle）が、景徳鎮において見聞した磁器の製法についての実況を、一七一二年と一七二二年、時あたかも康熙帝のころ、の二回にわたって本国に送ったものである。もとになる土の製法、成型の方法、釉薬の作り方など、内容は専門に過ぎて知識のない私には理解ができない。時代からしてヨーロッパが美しい磁器の制作に苦労していたときであるから、ダントルコールの報告が製作過程に大に寄与したようであるが、報告にある原材料がかの地においても同じものがあったかどうか、また、たとえば、釉薬についての混合の分量のみの報告では実際に上手くいったかどうか、西洋の陶工にはそれなりに独自の苦心があったに相違ない。以下は、本書に述べられたいくつかの挿話を紹介するにとどめる。

景徳鎮の陶工の貧困については次のように述べられている。「昔は今より遥かに多額の利益ありたる由に候えども、是は信じ難く被存候。以前には現今に於ける程盛んなる磁器の対ヨーロッパ輸出も無かりしものに有之候。愚考によれば、その利益低下の原因は、食料品の騰貴と、近隣諸山の薪材を採取し尽して、今は遠方より高運賃をかけて之を取り寄せざるを得ざるに至りしこと、現在にては余りに多くの人数に利益の分割さるること、最後に陶工の技量昔より退歩せる為、失敗の機会も多くなりしことに基づくものと被存候。」この他、監督官吏の貪欲なことも理由に挙げられている。これを見れば、すでに三〇〇年以前にして、窯業のために周辺の山野が丸裸にされていたことが知れるのである。

景徳鎮にはヨーロッパからの注文品も少なくなかった。「小生、当地にて一の磁製の照燈若しくは燈籠とも云うべきものを実見致し候が、そは全部一体にて、その中より燭光一室を明るく照明仕り候。此の作品は、七、八年前に、王太子より注文被遊候ものに御座候。此の王子は猶種々の楽器類、殊に笙と申し候一種の小オルガンをも注文被致候が、笙は高さ一尺許りにて、一四の管より成り、かなり好き音を出し申し候。」。ここに、王太子とは、「注」によれば、ルイ一四世の嫡孫ブルゴーニュ侯《こう》である。

ダントルコールは、陶工たちの守護神についても以下の説話を伝えている。「伝聞によれば、往昔一人の皇帝ありて、その下附せる型通りの磁器を燔造するよう厳命致せしことに御座候。その制作不可能な事を幾度陳弁するも、結局すべての諫言は益々彼の執着を強くする以外に役立たざりしと申し候。皇帝は、その生存中、中国に於いては最も畏怖すべき神に候えば、その欲望に逆らう者は在り得べからずと自ら信じ居り候。されば官員は、弥が上にも細かく監督し、有らん限りの厳重さを以って職工を督促致せしことに御座候。これ等不幸なる工人は、自らの財を費消し、多大の労苦を惜しまず事に当たり候いしかど、ただ鞭笞を以って報いらるるのみに候いき。そのうちの一人は、遂に絶望の果てに、灼熱の窯中に跳り入り、瞬時に焼き尽くされたりと申し候。されど其の為に窯中の磁器は完全に美しく、帝の御意の通りに焼造されて、事済みたる由に申し伝え候。その時より以来、此の哀れな職工は神とあがめられ、やがて磁業を守護する偶像ともなりたる次第に御座候。」。このような人身御供的説話はわが国でも数多く語られている。「注」によれば、この神の名は、「風火仙」というようである。風と火によって焼物が焼成されるのであるから、この神様は名が体を現す例であろう。

ヨーロッパの磁器は中国物の真似から出発した。図録を見ると絵柄・図案などこれが西洋出来かと思うようなものがいくらもある。ところが、現在のわが国の家庭で珍重されるのは、東洋の磁器よりも、マイセン、ヘレンド、ミントン、リモージュ、あるいはジノリなどのいわゆるブランド品であるらしい。生活が洋風となりそれに合った絵柄・デザインが好まれるからであろうし、西洋の陶工たちがその後に研鑽を重ねて各工房独自の発展をとげた結果であろう。かつてはわが国からも多く輸出されたが、逆に炻器（ストーン・ウエア）などは、鎖国後はオランダのみが唯一貿易を許されていたので、陶器をも含めて「阿蘭陀」とよばれて珍重されたようである。輸送途中暴風にあって船ごと沈没した陶磁器を探すトレジャー・ハンターは現在でもいるらしい。どこの国の作にせよ、人工美の極致ともいえる「焼物」は、眺めていて飽きがこない。人間の所有欲というのは恐ろしいもので、よいものを見ると手許に置きたくなるが、懐との相談はいわずもがな、当方に果たして鑑識眼があるのかと自問することで、瞋火を鎮めるほかはない。

なお、ダントルコールの訳文では、すべて「瓷」であるが、私が勝手に「磁」を用いたところがある。

（ダントルコール「中国陶瓷見聞録」平凡社東洋文庫、一九七九年）

コナン・ドイル「シャーロック・ホームズの冒険」・『まだらの紐』

イギリス、グラナダTVにより制作された、ジェレミー・ブレットがホームズを演じるドラマのDVDの全集には、「エレメンタリー」が付録についている。それによれば、「まだらの紐」の撮影の際の苦心として、奇妙な通気穴を備えた家など探しても見つからないし（通気穴でありながら、部屋から外部に開けられておらず、部屋と部屋とに通じている）、蛇を撮ろうとしても綱を昇り降りしてくれない。また、現実の蛇の中から物語に示された特徴をもつものを特定するのが困難であった、ということが書かれてある。

ジョン・ディクスン・カーの『コナン・ドイル』（大久保康雄訳、早川書房・昭和三七年）には、以下のような記述がある。「彼は、一二編の短篇小説――のちに『シャーロック・ホームズの冒険』（The Adventures of Sherlock Holmes）の内容となった一二編の短篇小説を書こうと計画していた、というのが一つの定説になっているようである。だが彼は、そんな悠長な計画を考えてはいなかった。一八九一年の四月のはじめから八月のはじめまでに、彼は六編の短篇小説を送った。そして、これら六編が、彼が書く心づもりをしていた全部だったのである。」。ドイルは、歴史小説家をもって任じていた。このときは『白衣団』の連載中だったし、別の新しい歴史小説も構想中であった。ホームズものをあと六編も書くことは、「自分がほんとうにやりたいと思っているすべてを、さきへのばさねばならぬことになる。そんな遅延はやりきれない。」。そこで、ドイルは、ストランド誌に断られることを予想して法外に高値の原稿料を要求することにした。が、ストランドは二つ返事で条件を呑み、ドイルは七番目の物語を書かざるをえなくなった。こうして、『青い紅玉』(the Blue Carbuncle) と『まだらの紐』(the Speckled Band) が書き継がれることになったのである。

ドイルの子エイドリアンとディンスン・カーとの合作になる、『シャーロック・ホームズの功績』(ハヤカワ・ポケット・ミステリ。一二篇あるが、第一話から第六話までが合作であって、残り六話はエイドリアンのみの筆になる。) の巻末には、小泉信三による「青年のときも老年の今もシャーロック・ホームズを読む」という一文があって、謹厳な小泉博士もホームズ・ファンということが知れるが、イギリスのみならずわが国でも熱烈なファンないしファン・クラブがあって、ドイルの書いたものを「正典」と呼んでいるらしい。というほどに、ホームズものには数え切れないほどのパスティーシュ(正典というからには、こちらはアポクリファと呼ぶべきであろうか) がある。

現代においても、ホームズものの魅力は、彼が証拠を重要視する探偵術の嚆矢であるところにあるだろう。このような視点から書かれたのが、「ヴィクトリア時代の法科学百科」という副題を持つ、E・J・ワグナー『シャーロック・ホームズの科学捜査を読む』(日暮雅通訳、河出書房新社、二〇〇九年) である。その第九章「痕跡をたどる」の冒頭には、『緋色の習作』(Studies in Scarlet は、普通は『緋色の研究』と訳されている。）から、「これは他殺で、犯人は男です。身長六フィート以上の男盛り、長身の割りに足が小さく、先の角ばった靴を履いてトリチノポリ葉巻を吸っている」というホームズの言葉が引用されている。しかし、これは足跡の歩幅から犯人の身長を推定しているに過ぎないので、ホームズ（ドイル）の足跡についてのより重要な先見性は、前掲カーの『伝記』の原注にある。

「現在のあらゆる警察体系の基礎になっている犯罪学の唯一の偉大な原典、ハンス・グロスの『犯罪捜査』（Criminal Investigation）は、一八九一年にならなくては出版されなかったことを銘記しなければならない。この年月よりもまえに、すでに二編のホームズものが、発表されているのである。そして幾度かホームズが、グロスの出現を予想しているのは、いささか驚くべきことである。たとえば、二番目のホームズものの読者は、つぎの言葉を忘れないだろう――『足跡の保存剤として焼石膏の使用を述べた足跡の捜査についての私の研究論文……』当時広く一般におこなわれていた七種の足跡の保存法を、グロスは列挙し、それらを否定してから、自分が発見した唯一のよい方法は焼石膏を用いることだと記しているのである。」（大久保訳、「コナン・ドイル」九三頁）。

ここの二番目のホームズものとは、『四つの署名』のことで、引用された一文は、第一章「推理学」にある。二編のホームズものの一番目は、いうまでもなく『緋色の研究』である。煙草の灰からそれがどうような種類の煙草のものか、靴の泥からロンドンのどの地区の泥かなどにとどまらず、血液か別の汚れか、毒物の種類など、ホームズは、現在の科学捜査の先駆者といってもよい犯罪捜査家なのである（現代では、ジェフリー・ディーヴァーがリンカーン・ライムもので、クロマトグラフを活用して科学捜査を行っている）。

「まだらの紐」は、ホームズものの中でも傑作といわれている作品の一つである。トリックの分類からすれば密室ものになるだろう。もっとも、邪悪なロイロット博士の犠牲となる義理の姉娘は、蛇にかまれたあと部屋から廊下によろめき出て、「まだらの紐」という言葉を残して死ぬのだが。この物語におけるホームズの探偵眼は、姉娘が自室にいながら博士の葉巻の匂いを嗅いだことから、隣室の博士の部屋と通風穴によって通じていることを悟り、穴のそばに使われない呼び鈴の紐がさがっていること、博士がインドから動物を送らせていること、などから、この犯罪が穴を通り抜けられるなんらかの動物が紐を伝って姉娘に危害を加えたことを推理するのであるが、犯罪捜査の観点からすれば、「蛇の毒牙が噛み付いたことを示す針で刺したような二つの小さい黒い傷跡を見分けられるような検死官がいたら、たいへんな観察力の持ち主ということになるからね。」という言葉が示す、死体の綿密な検案の重要性を説いたところに、ドイルの先見性があるといえるのではなかろうか。

シャーロック・ホームズが生まれたのは、というよりも、作者自身は身を入れて書いていなかったにもかかわらず、これほど当時の大衆に好まれたのは、ヴィクトリア朝という時代、大衆が殺人や犯罪に興味を持ち、現実の殺人事件の裁判の行方に異常な関心をもったという時代背景もあったと思われる。このような社会風潮を「なにはともあれ殺人は、まず第一に大衆娯楽であった」という視点から書かれたものに、R・Dオールティック『ヴィクトリア朝の緋色の研究』(村田靖子訳、国書刊行会、一九八八年)があるが、ここでは紹介しきれない。とりあえず、これも優れた「ドイル伝」である、ロナルド・ピアソール『シャーロック・ホームズの生まれた家』(小林司他訳、新潮選書、昭和五八年)の著者の言葉を引用して稿を閉じよう。

「彼（ドイル）の歴史小説は古書店で一山にされて埃をかぶっております。ところが、シャーロック・ホームズとなると、創造主ドイルを超えて生き続けているのです。ホームズのいない世界なんてとうてい考えられません。ロンドンのベーカー街二二一Bには今でも毎日のように世界中から手紙がくるのですから。」。

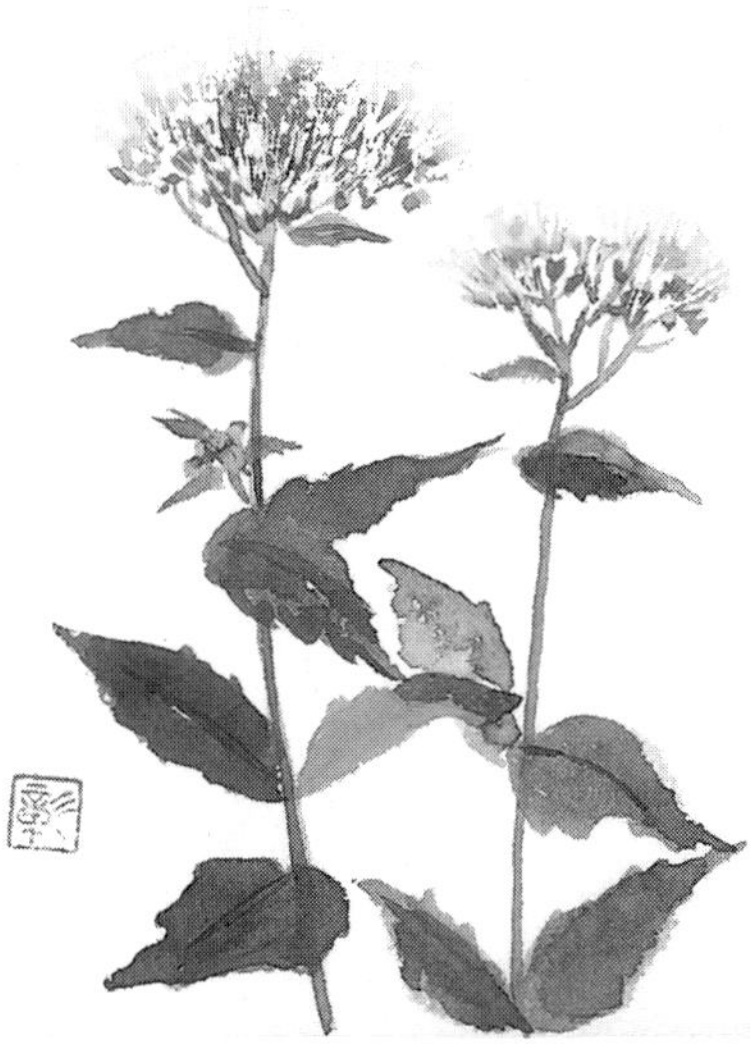

ピエール・ルイス「ビリチスの歌」

ピエール・ルイス。辰野隆『仏蘭西文学』(上巻　白水社、一九五三年)によれば、「アナトール・フランスと並んで現代フランスの最も博学な芸術家、秀麗なる仏蘭西語を駆使して、古き地中海文明の伝統の継承者となりえたピエール・ルイスが永年の病苦の後に、孤独と沈黙とを固守しつつ遂に瞑目したのである。行年五五。」とある。翻訳書で私が所有しているのは、本書のほかに『アフロディット』(小松清・訳)と『エスコリエ夫人の異常な冒険』(小松清・訳。原題はSanguine)である。私のような仏蘭西文学の門外漢がいうのもおこがましいのだが、ビリチスもアフロディットも時代を古きギリシャにとっているので、辰野博士が「古き地中海文明の伝統の継承者」と呼ばれたのであろう。

本書には、冒頭にルイスの手になる「ビリチス伝」が置かれ、紀元前六世紀の初めの頃、パンフィリイの東部メラス河畔の一山村に生まれたこと、近代になってその墓が発見されたこと、などがまことしやかに記されている。つまり、『ビリチスの歌』なる詩集は、後年ルイスが見出して、これをフランス語に訳して出版した体裁となっており、目次にもいくつかのnon trduite(翻訳不可)のものなどを掲げたりし、巻末には「書誌」として、作品中二六編が某々によりドイツ語に訳されてライプティヒにおいて何年に出版されたなど（本書ではこの部分は略されている）、念の入った悪戯の技巧を凝らしているから、あるフランスの学者が、このような詩集を見出して翻訳したルイスに対して賛辞を呈したという話も伝わっている。訳者、鈴木信太郎博士はよほどこの作品を好まれたのであろう。「後記」に、「戦争直後の混乱時代には私が訳してゐた。現実を回避した愉安ではあったが、何とも言へぬ夢幻郷に耽溺し得て、仕事が楽しかった。恐らく阿片とはかういふものかなどとも思った。」と書いておられる。

ビリチスの生業は、女性のもっとも古き職業とされるものだが、次の詩のによってその片鱗がしめされているであろう。

されば今宵は、愉しかれ。愛撫を　指が産むならば、朝までそれを享けるのは　お前の他にないだらう。何故なら　今宵、ビリチスが、このビリチスを買うたのよ。

（「乳房に」から）

因みに、本書の文庫版が、講談社文芸文庫（一九九四年）で出されており、その末尾には、鈴木博士の令息、鈴木道彦氏の手になる「作家案内」が付されている。

ところで、娼婦を主人公とした作品で、いま思いだすのは、ドーデの『サフォ』、フランスの『タイス』、デュマ・フィズの『椿姫』くらいである。

『サフォ』は、「パリ風俗」というサブタイトルがついていて、出版されたのが一八八四年、一九世紀末の爛熟したパリでの男女の葛藤を描いた作品である。多くの文士や芸術家の間を転々としてすでに女の盛りを過ぎた、モデルあがりの娼婦ファニー・ルグランと、田舎出の純潔な美青年ジャン・ゴサンの話で、青年がすべてを擲って女と生きようと決心したとき、女は昔の恋人と行方が知れなくなってしまう。

『タイス』は、実在の有名な娼婦だったらしいが、聖者といわれた修道僧パフニュスがタイスを教化しようとして、かえって女の美しさに迷い堕落してしまうのに対して、タイスは信仰に目覚めてその死の床にはセラファンが迎えにくるという、いかにもフランスらしい仕上がりである。タイスの傍らで死を看取っていた童貞女たちが、近づくパフニスの顔を見て、吸血鬼、吸血鬼と叫んで逃げ出すところで結末となる。水野成夫・訳（白水社、昭和一三年）は、原著第一編がLE LOTUS、第二編LE PAPYRUS、第三編L'EUPHORBEであるところ、それぞれ「白蓮」、「紙草」、「大戟」と訳されているなど、おそらくは彫心鏤骨の訳文と思う。書物の装丁者の名としてあるのは「六隅許六」であるが、これはフランス文学者渡辺一夫氏のことのはずである。

『ドゥミ　モンデーヌ』（山田勝・ハヤカワ文庫、一九九四年）。この書は、何人かの高級娼婦の生涯を描いたものだが、マルグリット・ゴーティエのモデルとして「マリー・デュプレシス『椿姫』のモデルとなった女」の章がある。demimondeとは、辞書によれば「貴族や金持ちの出入りする高級娼婦の世界」という説明があり、demi-mondaineには、ドゥミモンドの女、高級娼婦との訳が載っている。なぜドゥミかといえば、モンド、すなわち上流社交界には夫婦して行くものだが、高級娼婦のモンドには男しか行かないからドゥミなのだそうである。

では、マリー・デュプレシスとはどのような女であったのか。山田氏の書から引用しよう。「罪の世界にいるマリーであったが、恵まれた才知と美貌によるプロのテクニックだけではなく、無邪気さと優しさ、宗教を超越した慈愛によっても人を惹きつけていた。この世界に一度入り、成功を手中に収めた女性は、一般に栄華をほしいままにし、上流社会の女性と妍を競ったものだ。しかし、マリーは、罪の世界にいることを絶えず自覚し、自己の行為を恥じていた。」。マリーのために妻と別れ愛妾も棄て、マリーも心から愛した伯爵と正式に結婚する。しかし、伯爵は結婚後は財政に苦しく、マリーに一度たりとも金を渡すことができなかった。マリーは借金をし家具調度さえも売り果たし、困窮のうちに若くして結核で死んでしまうのである。「その死はパリに大きな波紋をよびおこした。生前の彼女は、その気質と謙虚な態度のために、ドゥミ・モンデーヌにありがちな敵はいなかった。彼女たちの敵であるはずの上流社会の婦人たちも彼女に一目おいていた。」。そして、死後、彼女のわずかな遺品が競売にかけられると、まっとうな婦人たちが争って高値で奪い合ったと伝えられている。デュマ・フィスが『椿姫』を書いたとき、マルグリット・ゴーティエはマリーの面影をほとんど伝えていないと非難されたそうである。

ある作家は、マリーをこう評している。「彼女はエレガンスを最高の芸術にまで押し上げていた。マリー・デュプレシスには人生のスタイルが備わっていたのだ。彼女の美的スタイルには独自性があり、だれにも真似はできないであろう。」と。これはもう女性にとっては最高の賛辞ではなかろうか。

マリーと同時代に生きたドゥミ・モンデーヌたちが、マリーと同じように生きたかといえばそうではない。栄華の絶頂から一転困窮の落魄まで、凄まじいばかりの生き様については、山田氏の同書をみられたい。

（ピエール・ルイス「ビリチスの歌」鈴木新太譯、白水社、一九五四年）

ドーデー「月曜物語」

アルフォンス・ドーデーは、一八四〇年、南フランスのニームに生まれた。兄エルネスト・ドーデに勧められて一八五七年にパリに出、文学修行に精進する。『月曜物語』は、ル・ソワールに、ついでレヴェヌマンに掲載され、『愛するエルネスト・ドーデーに』という献辞を付して一八七三年に出版された。

本書の「解説」で訳者は、「パリの新聞レヴェヌマン紙およびル・ソワール紙に掲載されたものであるとされているが、私がもっているリーヴル・ド・ポッシュのルイ・フオレォティエの Biobibliographie では、ル・ソワールへの掲載が先としてあるので、これにしたがった。

ドーデーの作品に出会ったのは、高校のころに岩波文庫を通じてであった。タルタラン三部作や、ともに「パリ風俗」というサブタイトルがついた『ナバブ』、『サフォー』などを興深く読んだものである。あらためて、これら古びた文庫本を手に取ってみて、『サフォー』には、「二〇歳を迎えし日のわが子らに」という献辞があることに気がついた。『サフォー』は、先に記したサブタイトルが示すように、パリにおける愛欲生活を描いた風俗絵巻といった観があるが、この書の訳者、朝倉季雄氏によれば、この献辞からすれば、「本書は若い人のために書かれた一種の修身の書ともみなすべきものであろう。」とされている。そうとすれば、粋な修身の本というべきであろうか。ドーデーは早くから英訳本でわが国にも紹介されていたようで、夏目漱石の蔵書にも、「流石は文豪である」とか「やはり名手である」とかの書き込みがあるそうである。

ドーデーの生まれがニームであることは書いたが、この地方はプロヴァンスと呼ばれる一方、オック語を話すという意味でラング・ドック地方とも呼ばれる。同じく彼の作品『風車小屋便り』のなかの、「キュキュニャン司祭」には、「毎年聖燭祭には、プロヴァンスの詩人たちは……小冊子をアヴィニョンで発行する……私はそのなかに素晴らしい一編の寓話詩を見つけたので……フランス語に翻訳して聞かせてあげようと思う。」というくだりがあるが（村上菊一郎・訳、新潮文庫による）、これは、オック語で書かれた寓話詩という趣旨なのであろう。この地方は、ローマ・キリスト教からすれば異端とされたカタリ派の栄えた土地であった。ために、ローマ法王の送ったアルビジョワ十字軍によってこの地のカタリ派は殲滅させせられてしまうのであるが、この事情を書いたものに、佐藤賢一『オクシタニア』（集英社文庫）という小説がある。

『月曜物語』は、短編集である。有名なのは冒頭の「最後の授業」であろうが、これについては別に触れるので、ここでは、最後に掲げられている「盲目の皇帝」について少しばかり述べることにする。

日本に永く滞在したババリア出身のジーボルトに親しくなることによって、まだ見ぬ日本に憧れるようになったドーデーは、ジーボルトが日本で手に入れた「盲目の皇帝」という一六世紀の悲劇を知りたいと熱望するのだが、ジーボルトは遁辞をもうけてなかなか見せてくれない。さんざん待たされた挙句、ようやく明日一緒に読もうという約束をえたその夜中に、ジーボルトは突然死んでしまい、ドーデーは最後まで、この日本の素晴らしい悲劇の題名しか知ることができなかった、という物語である。

このジーボルトとは、幕末に日本に滞在した有名なフォン・シーボルトがモデルである。「盲目の皇帝」では、ドーデーは、ジーボルトがナポレオン三世に拝謁するときに提出するためのフランス語の覚書の校閲を頼まれるのだが、原文が可笑しなフランス語で書かれているために苦労する話もある。「アジアの大詩人」の代わりに「アジアの大地震」と書いてあったり、「ジャポン」とあるべきところが「シャボン」となっていたりする。ここを読んだときに、この箇所は原文ではどうなっているのだろうかと思ったものだから、当たってみたのである。Japon が Chabon となっていたというのはどうということもないが、アジアの大地震のほうは、les grands poètes de l'Asie とあるべきところが les grandes boites de l'Asie となっている。大詩人が大箱となっていたわけだが、これでは通じないので、「詩人」を「地震」と語呂を合わせられたのは訳者の苦心であったろう。

以下は、このドーデーが名づけた「盲目の皇帝」という題名についての私の想像である。

宮脇孝雄『書斎の旅人』（早川書房、一九九一年）の冒頭の話が「ミシガン州のミカドから」というもので、次のようなことが書かれている。

サー・ウィリアム・ギルバートが台本を書き、サー・アーサー・サリヴァンが作曲した二幕の喜歌劇「ミカド、あるいはチチブの町」は、一八八五年三月一四日、ロンドンのサヴォイ劇場で初日の幕を開けた。ヤムヤムというとても日本人とは思えない名前のついたヒロインが登場するこの喜歌劇は、ギルバート＆サリヴァンの最大のヒット作となり、二年にわたってロング・ランを続けたという。ところで、アメリカはミシガン州の片田舎に「ミカド」という町があって、命名されたのは一八八六年のことで、日本語のミカドからであることは地名事典で明らかにされている。もっとも、この日本語の由来は地名事典には書かれていないが、同年に同所で「ミカド」というオペラが上演されていたことは間違いないそうである。時期からしても、ミシガンのミカドで上演されたものがロンドンのサヴォイ劇場で上演されたものと同じ歌劇とは思えないが、いずれにせよ、この当時、中味はとにかく、「ミカド」という名の日本を舞台にした演劇が流行ったのではあるまいか。宮脇氏は、同じ箇所で、「ミカド」初演の二〇年ほど前に出版された『不思議の国のアリス』にも、すぐに「首をちょん切ってやる！」と叫ぶトランプの女王が登場するが、この女王について、作者ルイス・キャロル自身が、「私のハートの女王は、統制できないある種の情熱を具体化したもので、いわば目的をもたない盲目の復讐神なのです。」と述べていることも紹介されており、「ミカド」のヤムヤムの後見人悪代官ココも、なにかといえば「さあ、これから厭な奴の首をどんどんちょん切ってやるぞ。」と叫ぶそうだから、ひょっとすると、ドーデーが日本の悲劇に「盲目の皇帝」という名をつけたのも、この「ミカド」からの連想であったかも知れないのである。

ともあれ、「盲目の皇帝」を読むと、ドーデーが日本の文物に寄せた憧れと暖かい好意が伝わってくるし、『月曜物語』全編を通じていえることだが、その人柄が偲ばれる私の好きな作家の一人である。

（ドーデー「月曜物語」桜田佐訳、岩波文庫、昭和二八年）

春陽堂「モーパッサン全集」——文学作品の偽作

絵画や陶磁器など、美術品とよばれるものに偽作があることは周知のところだが、文学作品にも偽作があることは始めて知った。

表題に掲げたモーパッサン全集は、春陽堂が全三冊でモーパッサンの全作品の邦訳を集めたものである。珍しい出来の全集である。というのは、このようなものには普通編者があり、どのような意図で全集を編んだのかということを序文で述べるのが通常であろうに、此の全集にはそのようなものがなく、ただ奥付に訳者代表として新庄嘉章氏の名があるが、それも一・三巻のみで第二巻にはそれすらもない。各冊一〇〇〇頁をすこし越える厚さで、モーパッサンの全作品、長・短篇ほか詩まで収録してあるから、細かい活字の三段組でいささか読み難い。その代わりといってはおかしいが、第三巻の末尾には、大西忠雄氏による「『解説』(モーパッサンの生涯と作品)」があって各作品の初出の掲載誌までリストになっており、多くの全集や書物に付せられる「解説」の域を超えた「モーパッサン研究」ともいうべきものである。私が驚いた贋作のことも、この「解説」の「モーパッサンの偽作について」なる見出しのもとに述べられている。以下はもっぱら大西氏の指摘を引用させて頂くことにする。

はじめに、芥川龍之介のモーパッサンの評価をみておこう。彼は、「仏蘭西文学と僕」で、「それからド・モオパッサンは、敬服しても嫌ひだった（今でも二三の作品は、やはり読むと不快な気がする。）」といっている。しかし、読んでいるから嫌いだといえるのであって、「文芸的な、余りに文芸的な」の「五 志賀直哉氏」には次のような記述がある、「これは畢竟余論である。志賀直哉氏の『子を盗む話』は西鶴の『子供地蔵』（大下馬）を思はせ易い。が、更に『范の犯罪』はモオパッサンの『ラルテイスト』（？）を思はせるであろう。」。

大西氏は次のようにいう。「芥川が右にあげている『ラルティスト』というのは、実はモーパッサンの作品ではなくて、その偽作なのである。生前芥川が右の文を訂正しなかったのを見ると、たぶん偽作とは気づかなかったのであろうが、同じ例はほかにもある。それは正宗白鳥がその著『モーパッサン』（昭和二三年版）の中で、モーパッサンについて『『ロスト』という簡にして要を得た作品がある。恋は死よりも強し、だからまた恋は最大の苦痛よりも強し、という実例が提供されているのだ。うんぬん』と述べて、この短篇小説の筋を詳しく紹介している。ところが、この『ロスト』（英訳名 lost・フランス語名 Craque）というのも、やはりモーパッサンの真作ではなくて、偽作なのである。」。また『暗夜行路』から、「で、彼女がそれに似ていたことは、同じ場合を書いた Unfortunate likeness というモーパッサンの短篇小説を思いおこさせたけれども」という一文について、「右に志賀氏がモーパッサンの短篇としてあげている『不幸な類似』（Unfortunate likeness）という作品も、いうまでもなくモーパッサンのにせものである。」と。

では、どうしてこんなことになったのであろうか。大西氏によれば、明治から大正にかけて、近くは昭和年代までも、わが国でのモーパッサンの作品の紹介は殆ど英語を通じてであった。そこで、たまたま日本に彼の作品を伝えた英訳本のなかに紛れ込んでいた多数の偽作が、モーパッサンの真作と信じられて読まれた結果であるとされるのである。大西氏曰く、「実は、問題のモーパッサンの英訳本がはなはだ信用のおけない、いわばインチキ版であったわけだが、この点を確かめなかった当時の外国文学者の手落ちともいえなくはない。」と。問題の偽作入り英訳本とは、米国版『アフター・ディナー・シリーズ』(約一五〇編収録)と、ダンスタン社版『英訳モーパッサン全集』(二百数十編収録)で、大西氏が調べたところでは、ダンスタン社版では、そのうち六六編が偽作であったとのことである。そして、今日までのところでは、偽作六六編中の三〇余編が訳出されており、「ラルティスト」、「ロスト」、「不幸な類似」もこれに当たるそうである。

他の箇所で、比較文学者島田謹二博士が、「泉鏡花の血肉となっている馬場弧蝶訳のモーパッサン」といっておられることを書いたが、大西氏によると、馬場弧蝶訳でも「負債」が偽作であると指摘されている。もっとも、わが国では、昭和一〇年ごろ以降のモーパッサンの翻訳には偽作はほとんど跡を絶っているそうで、それは、フランス文学の研究が盛んになり、モーパッサンの翻訳も、もっぱらフランス語の専門家によって、直接フランス語の原本から翻訳されるようになった事情によるものであるので、ダンスタン版が読まれていたアメリカでは、偽作被害が戦後最近にまで及んでいたとのことである。

結局、これら偽作がどうして作品集のなかに紛れ込んでいるのか、偽作者は誰かなど、詳細は不明らしい。二つのことが考えられよう。一つは、フランスでモーパッサンの名を騙って作品を書いた者がいてそれが英訳されたということである。しかし、フランス本国で出版されている作品集には、一つも偽作は含まれていないそうだから、この推測は成り立たない。第二は、翻訳者が他のフランス人の作品を訳してモーパッサンの作品と銘打ったか、翻訳者自身の作品をモーパッサンの名を騙って紛れ込ませたかである。いずれにしても、小説に盗作はあるが、偽作があることは面白いことではなかろうか。偽作を真作と信じ、モーパッサンのかくかくの作はたいしたことはないなどと評価されては、モーパッサンも大迷惑であるに違いない。もう一つ、モーパッサンがそうであるかどうかは関係がないが、著名な作家でもゴースト・ライターがいる場合がなきにしも非ずである。そのことが後に知れた場合には、その作品を、真作とよぶのであろうか、偽作とよんでもよいものなのであろうか。絵画でも、弟子が描いたものに師匠のサインが入るということはままあることである。

最後に。芥川の「文芸的な、余りに文芸的な」の「五　志賀直哉氏」の一部分は、芥川龍之介全集（筑摩版）のまま引用した。そのなかの「西鶴の『子供地蔵』（大下馬）」とある大下馬とは、「近年諸国咄大下馬」の略と全集の注にある。してみれば、括弧は出典を意味するから、「ラルチスト」に付せられた（?）はなにを意味するのであろうか。もし、芥川がモーパッサンの作であることに疑問を抱いたということであれば流石だが、単に出典を忘れたという意味なのであろうか。さらに疑問は続く。芥川がこのモーパッサンの小説を英訳本で読んでいたとすれば（その可能性は高いと思われる。というのは、彼のアナトール・フランスの「バルタザール」の翻訳も John Lane の英訳からであるから）、志賀直哉が Unfortunate likeness と英語で引用しているように、なぜ The artist と引用せずにアルチストとフランス語を用いたのか。芥川はフランス語も読めたからわざわざフランス語に直して掲げたのであろうか。また、大西氏は、「ロスト」について英訳名lost・フランス語名Craque（嘘、ほら）とされているが、大西氏が参照されたダンスタン版の米訳では、英語名の他にフランス語の原題も掲げてあったのか、これがモーパッサンの作ではないとすれば、氏はどこから「ロスト」のフランス語名を見出されたのであろうか。どなたかのご教示を得たい。

（春陽堂「モーパッサン全集」第一巻・第二巻一九六五年、第三巻一九六六年）

小山ブリジット「夢見た日本」

本書には、「エドモン・ド・ゴンクールと林忠正」という副題がついている。このタイトルとサブタイトルの由来は、著者の「序　ジャポニスム」に明らかである。

「エドモン・ド・ゴンクールこそ紛れもなく、日本美術の紹介とジャポニスムの普及に最も重要な役割を果たした作家である。『日本』は彼に格別の魅力をもたらしたのだ。彼がこのミステリアスな国に情熱を掻き立てられたのは、ジャポニスムの誕生より前のことだった。彼は日本に行って、その芸術が彼の美意識を変更させてしまった国をはっきり目で見ることを夢見ていた。しかしまた彼は、その言葉が分からないこと、そして、あんなにも美しく絵に印されている署名が読みとれないことを嘆いた。日本についての数ある論考も、エドモン・ド・ゴンクールのような完全主義者を満足させるには至らないままだった。そういうときに、一つの出会いが彼の人生を根本から変え、日本についての知識を深めることを可能にした。彼が林と初めてすれ違ったときには、一八七八年のパリ万博の通訳として来たこの日本青年が、自分の忠実な共同作業の相手になることを予測させるものは何もなかった。しかし、二人の友情の絆は急速に紡がれ、林は彼の欠くことのできない助言者になったのである。ゴンクールの、蔵書からの日本の知識は、林によって正確なものに変えられた。文豪が長年歩んできた思索の道の真髄が、こうして日本美術についての論考の執筆として表れたが、それが生み出されたのは林のおかげである。」。

林忠正の名は、現在でもあまり知られていないのではなかろうか。もし知られているとすれば、著者が本書の末尾、「結び　正当なる再評価」の章で述べているように、「日本人はそれまで全く振り向きもしなかった浮世絵版画の価値に、ひどく遅れて気づき、国の文化遺産を根こそぎ持ち出したといって林を非難したのである。林が一八九二年に発した警告など思い出す者は皆無だった。何年ものちになって、その流出が彼のせいであるかのように責任を押し付けられたのである。」という、負の側面からの評価によってではないかと思われる。本書は、林忠正が、いかに日本の美術についての正当にしてかつ正確な評価を、西洋とくにフランスに知らしめるべく努力したかを、エドモン・ド・ゴンクールとの交流を通じて明らかにしようと試みたものであり、「異質なものでありながらも実に近い関係にある二つの文化の架け橋となるようたゆまず努力し続けたこの男に、今こそ、今度は西洋のほうから敬意を表すべきなのである。」という視点から描いた仕事なのである。したがって、著者のこのような仕事には、ゴンクール側の姿料は当然として林側の資料も渉猟しなければならない。本書の巻末には、膨大な参考文献が英・仏・日にわたって掲げられているが、そこには記されていない林忠正の義孫木々康子氏からの多くの助言や資料の提示があったろうことが推察できる（著者も本書冒頭の「謝辞」で、木々氏に感謝を表している）。というのは、木々氏には、すでに『林忠正とその時代――世紀末のパリと日本美術』（筑摩書房、一九八七年）という著書があり、その中には「エドモン・ド・ゴンクールと忠正」という章すらあるからである。林忠正は、富山は高岡の生まれである。選ばれて東京に出てフランス語を学ぶ。従兄弟の磯部四郎も同じく大学南校に学んでいた。四郎は、新しくできた明法寮に移り、明治八年卒業して法律を学ぶべくフランス留学を命ぜられる。忠正はそのあとを追うようにして明治一一年に、日本最初の貿易会社である起立工商会社あての紹介状を持ってフランスに旅立つのである（『林忠正とその時代』より）。

磯部四郎（木々氏には、四郎のパリ時代から帰国して関東大震災で亡くなるまでを描いた『陽が昇るとき』（筑摩書房、一九八四年）という作品もある。）は、パリ大学で法律学を学んだ後、来日したボアソナードの片腕となって、民法典の編纂に尽力をするのであるが、残念ながら磯部のかかわった民法典は公布されたものの施行はされず、日の目をみることはなかった。今でもその大綱を伝えている明治民法の草案審議の場においても、彼は一委員として意見を開陳するのだが、彼の法学者としての真価は、民法にとどまらず、憲法、刑法、商法から刑事訴訟法にいたる浩瀚な著述によって、わが国の法学者として啓蒙的な役割を果たしたところにあるといってよいであろう。このような磯部四郎について、われわれは研究会を持ったのだが、その折に四郎の義理のお孫さんでもある木々氏にもご参加を願ったのであった（宣伝めくが、その成果は、『磯部四郎研究』として信山社から二〇〇七年に出版された）。

話を戻そう。小山ブリジットの本書は、林忠正に「西洋のほうから敬意を表す」べく、「私は、林が果たした重要な役割を現代の西洋人に紹介したいと思い、この本を書きました」（著者の「日本語版への謝辞」より）とあるように、フランス人によりフランス語で書かれていることが重要である。彼の地において本書が多くの人に読まれんことを希望する。忌憚なく言えば、本書はあまりも多くの文献が渉猟されているせいか、充分にこなれていないという印象である。そのことは．高頭麻子氏が「訳者あとがき」

で、「私たち日本人がおやっと思うようなところに力点が置かれていたり、小説家の創作や想像上の場面が、著者の発掘した貴重な資料と混在したりする。……あえて一つ提言させていただくなら、時には立ち止まって、せっかくの膨大な資料を、今少し十分に整理され、より厳重に吟味されることを期待したい。」と記されたことに表れていよう。本書には書中の「人物紹介」がついているが、これはあるいは著者ではなく出版社が付したものかもしれないが、ボアソナードについては明らかな誤りがある。すなわち、「日本の民法を準備し、その民法は一八九〇年に公布され、一八九三年に施行されたが、明治政府がドイツをモデルとする憲法の制定を決めたため、間もなく廃止された」という記述である。一八九〇年は明治二三年であるが、この年、旧民法（ボアソナード民法）は法律第二八号として公布され、一八九三年（明治二六年）一月一日をもって施行されることになってはいたものの、法典論争が生じて施行延期となったのである。また、この施行延期の原因となった延期派のスローガンが「民法いでて忠孝ほろぶ」であったことを見れば、憲法がドイツ（正確にはプロシア）型であったことと直接の関係はない。

最後に、木々麻子氏には、同氏編・高頭康子訳として、『林忠正宛書簡集・資料集』（信山社、二〇〇三年）なる労作もあることを言い添えておく。

（小山ブリジット「夢見た日本」平凡社、二〇〇六年）

岡本綺堂「世界怪談名作集」

「半七捕物帳」を読んでいると、半七の物言いがいかにも江戸っ子らしくて気持ちがいい。子分の幸次郎に指図して、「如才もあるめえが、そいつの帰るときに尾けていって、なんという屋敷の何者だか突きとめるのだぜ。」「承知しました。」などは、いかにも伝法でありながら堅気の物言いである。

昨今は、江戸っ子とはいわないが、東京っ子らしいものの言い方を聞くことが少なくなった。一日、浅草に出かけたことがあって、喫茶店で近くの席にいた人の話を小耳に挟んだが、自宅を教えるのに、「橋を渡って真っつぐ行って、何とかという店の角を曲がったちょいと先です。」というようであった。浅草辺りではまだこんなものの言い方をする人がいるのだなあ、と思ったのである。私などは、東京生まれの東京育ちではあるものの、やっと標準語といわれるものが喋れる程度にすぎない。山の手の言葉が標準語とされているようだが、いわゆる「ノテ言葉」は標準語とはすこし違うようである。

綺堂は、江戸の風俗文化に豊な知識を有していた人として知られているが、西洋の作物についても広い知識を持っていた。本書は、文庫本として上下二冊に分けられているが、もとは昭和四年に改造社から、「世界大衆文学全集」の一冊として刊行されたものである。本書上巻の木村毅の「解題」から引用する。

「明治の文壇、逍遥のシェークスピア、鴎外のハルトマン、二葉亭のツルゲエネフ、魯庵のトルストイと、みな看板をかかげ、掛け声をさかんにして、移入し消化しているのである。綺堂先生はその反対に、いかにあちらの作の影響をうけ、これを換骨脱胎しても、黙々としておられるので、誰も気づかない。それほど天衣無縫に日本化されてしまっているともいえる。しかし、たとえば有名な『半七捕物帳』をとってみても、それまで捕物帳という読み物も、独立した文学も日本にはない。コナンドイルの The case-book of Holmes から暗示をうけて案出されたこと疑いを入れぬ。シャーロック・ホームズが半七に、ケース・ブックが捕物帳となったのである。但し中の話は自分の創作もあれば、和洋はもちろん支那から印度に取材した話まで入っている。……その先生が一生に一度だけ、珍しく生のままで、西洋ダネの読み物を提供せられたのが、この『世界怪談名作集』である。」。

以下に、収められた物語の表題と原作者名とを掲げる。

貸家	リットン
スペードの女王	プーシキン
妖物	ビヤース
クラリモンド	ゴーチェ
信号手	ディッケンズ

ヴィール夫人の幽霊　デフォー
ラッパチーニの娘　ホーソーン
北極星号の船長　ドイル
廃宅　ホフマン
聖餐祭　フランス
幻の人力車　キップリング
上床　クラウフォード
ラザルス　アンドレーフ
幽霊　モーパッサン
鏡中の美女　マクドナルド
幽霊の移転　ストックトン
牡丹燈記　瞿宗吉

英・米・仏・独・露・中の六カ国にわたって渉猟されており、単に作品の適切な選択にとどまらず、綺堂自身が訳していること、また訳文の流麗なることに驚くほかはない。綺堂自身の「序」では、とくにポーについて、「殊にかの『黒猫』のごときは、当然ここに編入すべきであったが、この全集には別にポーの傑作集が出ているので、遺憾ながら省くことにして、その代わりに、ポーの二代目ともいうべきビヤースの『妖物』を掲載した。」と述べている。ただ、各作品については、「その原著者はいずれも古今著名の人びとのみで、いちいちあらためて紹介するまでもあるまいと思われるので、単にその時代と出生地のみを記録するにとどめて置いた」としているのだが、後世の読者としては、作品の原題を示しておいて欲しかった。私もこれまで何人かの人が編んだ怪とか奇とかがつくアンソロジーを読んだが、アナトール・フランスの作が選ばれていたことはついぞ見たことがなく、また、フランスの短篇は大体読んでいたので、いったいこの「聖餐祭」の原題はなんだろうかと思ったからである。で、内容を頼りに調べてみたらあった。短篇小説集『螺鈿の小箱』のなかの「影の彌撒」(La Messe des ombres)である。

ある村に住む、カトリーヌ・フォンテーヌというお婆さんが、若い頃、互いに愛し合いたった一度のくちづけを交わした、四五年も前に死んだ騎士ドーモン・クレリイに、煉獄にある死者達によって執り行われている彌撒で逢い、今宵だけは主の恩寵により許されると告げられて、互いに手を握り合うのである。その箇所に la messe des ombres という語がでてくるが、これを綺堂は「影の聖餐祭」と訳している。しかし、messe には特に聖餐祭という意味はないようだし、白水社版のフランス全集・山内義雄の訳でも「彌撒」と訳されている。このミサで、カトリーヌ婆さんは喜捨を乞われるのだが、持ち合わせのないお婆さんは生前に騎士がくれた指輪を老僧の持つ大きな銅盤に入れる。他の人々が入れたときも騎士が un louis(綺堂は、これをルイス金貨と訳している。)を入れたときも音がしなかったが、カトリーヌ婆さんが金の指輪を入れると鐘の音のような響きがし、その音に伴ってそれまでいた会衆が皆消え失せてお婆さん一人が闇の中に取り残された。その翌日カトリーヌ婆さんは死に、一方お寺の番僧は、献金に使われた銅盤のなかにお婆さんが喜捨した二つの手を握り合った形をした金の指輪を見つけるのである。

別に怖い話ではない。昔の恋人に迎えにこられたカトリーヌ婆さんは幸せのうちに死んだであろう。理屈をいうと、恋人は煉獄にいるが、信心深いお婆さんは天国に行くのではないかと思えるので、死後にも一緒にはいられないのではなかろうか。モーパッサンの「幽霊」は、青柳瑞穂の訳でも幽霊であり、原題はApparitionであった。マリオン・クロウフォードの「上床」は、怪談小説としては有名であり、近年では「上段寝台」と訳されているものである。ゴーティエの「クラリモンド」は、芥川も翻訳しているし、近時では「死霊の恋」という題名で田辺貞之助の訳が岩波文庫から出されている。また、本書には、怪談・牡丹燈籠のもとである「牡丹燈記」が選ばれているが、綺堂には『中国怪奇小説集』もあり、これは、今でも光文社時代小説文庫で読むことができる。

このように見て来ると、岡本綺堂は、わが国のみならず中国、はては西洋の文学にまで幅広い知見を有していたといえるのであって、戯作者や小説家であることにとどまらず、まことに博識の知識人であることがわかるのである。

（岡本綺堂編訳「世界怪談名作集」上・下、河出文庫、二〇〇二年）

鈴木信太郎「小話風のフランス文学」

本書は、昭和三〇年の出版。河出新書と名付けられ定価一〇〇円だが、表紙は表裏とも川口軌外のデザインで洒落れた出来となっている。実は、この書物の名を借りて、私の嗜好についてすこしばかり述べてみたい。本書名を掲げたのは、珈琲のところでかなり引用させてもらうからに他ならない。

好きなもの煙草珈琲花美人　懐手して小説を読む

喫煙歴はもう半世紀をこえる。一貫してバージニア葉のブレンドである。若いときはショート・ピースであった。五〇本入りの缶を開けると、漂ってくるほのかな甘い香りに魅せられて、幸せな気分になった。結婚してからは、せめてフィルターの着いたものをという家内の要請で、ロング・ピースとなり、以後はそれが続いている。こうなると慣れで、新製品が発売されたときなど試みてみないでもないが、全く馴染めず、封を切って一・二本吸った挙句はゴミ箱行きというもったいない仕儀となる。

乾燥させた草の葉に火をつけて煙を吸飲するなどは、人間でなければしないことである。動物は煙を本能的に嫌う。いまは飼っていないが、我が家ではこれまで犬がいない時期は殆どなかった。代々庭で飼っており、室内でわれわれと一緒に生活をしたのは、最後の代にあたるケアン・テリアのキキが最初で最後であったが、この犬は、私がタバコを手にとるとスーっと傍らから離れて行ったものである。我が家で飼った犬や猫の名付け親となるのはどういうわけか私で、キキはモンパルナスのキキから採った。飼い始めたころには子供向けのキャラクターにキキ・ララというのが流行っていて、周囲の人からはそのキャラクターにちなんで名付けたと思われていたようだが、一々説明するのも面倒で放っておいた。アリス通称キキは、モンパルナスのキキとよばれて写真家マン・レイのモデルとして著名な女性だが、犬のキキに命名した後で血統書が送られて来たものを見ると、ブリーダーによりアリスと命名されていて、偶然の一致に驚いたものである。

このキキよりも先輩で、ノラ猫の仔を眼も開かないうちから拾って、管を胃に通しミルクを注入するというやりかたで家内が育てたのが、ふわふわちゃんという意味で名付けたムームーである。この猫は、24年も生きて、もう少しでギネスものだねと家内と話し合ったことであった。

枯れ草の煙などを吸って満足しているのだからおかしな話であるが、涼風の立つ初夏の宵に、暮れなずむ梢越しの空を眺めながら、珈琲を傍らに吸う一服は至福のときといってよいであろう。

珈琲の好みはブルーマウンテンである。珈琲にはいわゆる「通」が多く、この人達にいわせれば、香り、コク、焙煎の具合などうるさいのであろうが、私にはこだわりはない。生来アルコールを受け付けない体質のせいか、珈琲とお茶はよく嗜む。お茶は、葉茶でも抹茶でも、良質のものは渋みや苦味がなく、上品な甘さが口に残る。珈琲も同様で、ブルーマウンテンはコクに欠けるかもしれないが、さっぱりとした透明感が気に入っている。牛乳や砂糖を入れて飲むことはない。そもそもが、一般家庭で牛乳を飲むということは、一九世紀になってパスツールが低温殺菌法を考え出してからであった。搾乳してから口に入るまでに時間が経つと腐敗し易いからである。だから、カフェ・オ・レなども比較的近時のコーヒーの飲み方ということになる。カフェ・オ・レというのは、珈琲で牛乳の臭みを消して飲むのが目的ではないだろうか。一昔前までは、牛乳はバターやチーズなどの乳製品の原料として生産されていたのであって、直に飲むものではなかった。

ここで、本書の登場となる。「珈琲文学」という「小話」で、鈴木信太郎氏は以下のように述べている。「珈琲がペルシャからアデンに伝わったのは一四二〇年頃で、トルコに輸入されたのが一五五〇年頃、そしてこの強大なオットマン帝国に駐在したフランス大使がパリに持ち帰って、ルイ一四世が始めて珈琲を飲んだのが一六四四年、それからイタリア、次にイギリスに伝わった。」と。当初は、この真っ黒な飲みものが有害か無害かの大議論があったそうである。この「小話」の最後は、「二〇世紀の詩人ルイスは、古代ギリシャにない肉欲は、煙を吸う煙草だけだと小説に書いたが、珈琲もまた新しい肉欲かも知れない。しかしホオマアに書かれたネペンテスという飲料は、実は珈琲らしいという説もある。」で結ばれている。本書は、『小話風のフランス文学』という題名であるが、こんな珈琲の話もあれば、「身辺雑記」もあって、「一高三年になる時、親父には秘密に文科志望の届けを出して転科して置いたので、大学に進む時は仏文ときまり、その通知に家中が吃驚して、親族会議を開いたりなどした。」という逸話も載せられている。

さて、花の好みである。花ならばおしなべて好きであるといいたいところだが、大輪の色鮮やかな自己主張の強いものは敬遠したい。梔子、泰山木、木犀など香りのある木の花、薔薇、百合などのこれも香りのある草花。ジンジャーなどもよい。

芥川は、沙羅の花を愛し、「沙羅のみづ枝に花さけば、かなしき人の目ぞ見ゆる。」と詠ったが、これは木の花である。白椿に似た花びらは椿よりも薄く、半透明ではかなげである。「玉の如き花のにほえるもとには」と詞書に書かれているが、椿、茶などと同じく花に香りがあるわけではない。ここの「にほえる」は、咲いているさまの形容であろう。「沙羅の花」が収められた「小品」には、「蠟梅」を詠じた俳句もあるが、渋好みである。

最後は小説となるが、中国古典文学全集の『六朝・唐・宋小説集』（平凡社、昭和三四年）の巻末「解説」には、「つまり小説とは、その質においても、また量においても「小」さい「説」言いかえれば、短くてくだらない話ということになる。」とある。人生を考えさせられるような大長編小説、『戦争と平和』とか、『チボー家の人々』とか『大地』とか、これらは挙げればきりがなく、名著とされているようだが好みではない。短くてくだらないように思える話に、泥中の玉のような輝きを見出すことがあって、私の読書の楽しみ方である。

（鈴木信太郎「小話風のフランス文学」河出新書、昭和三〇年）

泉 鏡花「二三羽——十二三羽」

「霜月一〇日あまりの初夜、中空は冴切って、星が水垢離取りさうな月明かりに、踏み切りの桟橋を渡る影高く、灯ちらちらと目の下に、遠近の樹立ちの骨ばかりなのを視めながら、桑名の停車場へ下りた旅客がある。」

『歌行灯』の書き出しの部分である。「星が水垢離取りさうな」とは、一一月の月明らかな冴え渡った寒空をあらわして、まことに妙である。いわずもがなのことだが、初夜とは、午後七時から九時ころまでを指す。

泉鏡花は、明治四二年の東海地方め講演の途次、『歌行灯』で、お三重さんが「玉の段」を舞う舞台となった桑名の船津屋に泊っている。小説のなかでは「湊屋」である。この船津屋がいまでもあると聞いて、私は、とある初秋の一日、桑名へと出かけたのであった。駅前の広場から、だだっ広い道がまっすぐに揖斐川を目指して延びていて、ほぼ一・五キロ先、もうすぐ川端という左側に船津屋はあった。小体な料亭風の日本家屋である。おりしも門前の松を植木屋が手入れをしていた。ただの観光客、訪れて店の人を煩わすのも気が引けて、素通りした先の喫茶店で珈琲を飲んだ。鏡花が泊まった船津屋は名旅館だったそうだが、今の家は戦後に以前の面影を残して建て替えられたものである。造りはおそらく小さくなっていよう。このあたりの揖斐川は高いコンクリートの擁壁に遮られて川面すら見えず、東海道の宿場で絶景と称された風情を残すものはなにもない。

ちょっとわき道に逸れるが、ここで鏡花の作品に対する漱石の批評を聞いてみよう。鏡花の「全集」は、戦前に春陽堂と岩波書店から、戦後は岩波が、全集と『鏡花小説・戯曲選』全一二巻とを出しているが、国書刊行会から須永朝彦編で、この「小説・戯曲選」に収められたものを極力排してとして『鏡花コレクション』Ⅰ〜Ⅲが出されている。そのⅢの須永解題に、漱石の次のような文が引かれてある。「鏡花君の『銀短冊』は草草紙時代の思想と明治時代の思想とを綴ぎはぎしたやうだ。夢幻ならば夢幻で面白い。明治の空気を呼吸したものなら、また其空気を写したので面白い。唯綴はぎものでは纏まった興趣が起こらない。然し確かに天才だ。一句一句の妙はいふべからざるものがある。……若しこの人が解脱したなら、恐らく天下一品だろう。」。この評価は、過去と現在の間を漂移する彼の「怪異もの」すべてに当てはまるのではなかろうか。もっとも、田中貴子『鏡花と怪異』（平凡社、二〇〇六年）には、漱石の蔵書の書き込みに、「平凡なる者は美ならざる事あり、故に奇を求む、奇を求めて已まざれば怪に陥る、怪に陥れば美を失す、詩人は此呼吸を知る、鏡花此呼吸を知らず、詩人の想は詩想である、鏡花の如きは狂想である。」とあるそうである。確かに実直な合理主義者の漱石から見れば、鏡花はいわゆる「紙一重」のところに位置する者と見えたであろう。鏡花の作品には、猫や雀といった身近な生き物を暖かい眼で見つめているようなものもあるのだが、やはり怪がでる。

「駒の話」。駒といっても馬ではない。駒という名の猫の話である。初めの方にはこんなことが書いてある。「もの心覚えてからは、内に飼猫は居なかったたし、小児は犬と仲がいい。で、馴染のない処へ、善悪譚だの、猫又七変化などと云う草草紙で脅かされて、猫は絵の如く、お妾を齧ったり、婆に化けたり、人に祟るものと思ったのが、ならひと成って、嫌ひよりは不気味であった。」。しかし、この駒は鼠を良く捕るし、泉家の女中さんや近所の女衆から可愛がられる。そんな風で鏡花も猫一般には先のように不気味に感じるところがあっても、駒ちゃんには優しい眼を注いでいる。「駒は身だしなみも可い。一寸上がると雨が降るとか云ふ、屋根の日南で鼓草が生えたやうに、あの顔を前脚で……唯、ちょいと行ると……耳の痒い時でも、足のうらのむずむずする時でも……塀に居て、瓦に乗って、窓下に、湯どのの屋振に、何処に居る時でも、人の眼に触れる処で、うしろ向きにも、前覗きにも、駒の面洗をし、化粧をしたのを見た事は嘗てない。身だしなみが可いと言へよう。」。が、しかし、秋の真夜中に二階で仕事をしていた鏡花は、「はい、どなた様」と起き出した階下の女中さんの立てるもの音に驚かされる。訊ねる鏡花に女中さんは、いましがた駒が鼠を咥えて外に出て行きましたと答えるのだが、同じく起きてしまった鏡花夫人が、

「夢を見たの——はい誰方……唯今って言っておいでだったよ。」

「え、夢でございませうか。寝て居ます処へ駒ちゃんが来たんでございます。……それが他所のおかみさんの姿をして居りましたの。……白地に中形の浴衣を着て、黒い帯を引っかけにして、たばね髪で……あの、容子のいい中年増なんでございます。」

駒ちゃんは、張物板の影にいる鼠をねらっていて、女中さんに頼んで板を動かしてもらおうと背が七

八寸の中年増に化けたらしいのだが、そう見えたのは女中さんが寝ぼけたためかも知れないのである。

　このようなところが、漱石先生には不可解なところなのであろう。

「一二三羽――十二三羽」。岩波書店は、戦後も「全集」を出し、『鏡花小説・戯曲集』全一二巻を出した他に、新しく本編を含む本巻一〇巻・別巻二巻、全一二巻の『新編　泉鏡花集』も出版した。これは、短篇を中心に作品の舞台となった地方別に纏めたものであって、本作品は「第三巻　東京　一」に収められている。自宅の庭にくる雀の観察記ともいうべき随筆なのだが……

「庭に柿の老樹が一株。遣放しに手入れをしないから、根まはりに雑草の生へた飛石の上を、ちょこちょことよりは、ふよふよと雀が一羽、羽根を広げながら歩いて居た。家内がつかつかと跣足で下りた。いけずな女で、確かに小雀と認めたらしい。チチチチ、チュ、チュツ、すぐに掌の中に入った。」。捕えられた小雀は目笊に入れてもとの飛石のところに伏せておくと、もう先ほどから大騒ぎをしていた母鳥が早速に寄ってくる。見ると嘴に小さな虫らしい餌をくわえているのだが、それを笊の目のあいだから小雀にやるのではなく、「餌を見せながら鳴き叫ばせつつ身を引いて飛廻るのは、あまり悧巧でない人間にも的確に解せられた。『あかちゃんや、あかちゃんや、うまうまをあげましやう、其処を出ておいで。』と言ふのである。仔は何うして、自分で笊が抜けられやう？親は何うして、自分で笊を開けられやう？その思ひはどうだらう。私たちは、しみじみいとしく可愛く成ったのである。」。鏡花夫妻の手で笊から出された「あの、雀は何したらう？」。「すぐ上が葱や苔、龍の髯の石垣の崖に成る。片隅に山吹があって、こんもりした躑躅が並んで植って居て、垣どなりの灯が、ちらちらちらと透くほどに二三輪咲き残った……その茂った葉の、蔭も深くはない低い枝に、雀が一羽、たよりなげに宿って居た。正に前刻の仔に違ひない。」。「朝寝はしたし、ものに紛れた。午の庭に、隈なき五月の日の光を浴びて、黄金の如く、銀の如く、飛石の上から、柿の幹、躑躅、山吹の上下を、二羽縦横に飛んで舞って居る。」。親雀から低い枝に預かった仔雀を、猫から守る気持ちで夜更かしをした鏡花は、昼の庭に、親に習ってだんだんと飛びまわれるようになった仔雀を見いだすのである。

大分省略せざるをえなかったが、この作品の前半は、このような雀の母子に対する愛情溢れる随筆である。ところが、後半は、散歩に出た鏡花が、秘かに「雀の蝋燭」と名付けた「ごんごんごま」を崖下で探すところで、雀の化身らしい人物に出会って茶をよばれ、その人の想い者の若い女性に浴衣の綻びを縫ってもらうので、やっぱり怪しい話となる。そのために、この作品は随筆だか小説だか判らなくなるのだが、この後半部分はなくもがなではなかろうか。

（泉鏡花「二三羽――十二三羽」新編泉鏡花集第三巻、岩波書店、二〇〇三年）

柴田宵曲「妖異博物館」

一口に怪奇小説というが、一応、自己流だけれど、怪とはあやしいこと、怪談とはあやしい話、すなわちどこかに怖いところがある話、奇とはふしぎなこと、奇談とはふしぎな話、すなわち理詰めでは説明のできない話、と分けておこう。

怪談は夏のものと相場がきまっているのは、ぞっとすると涼しく感じるからであろうか。しかし、鳥肌が立つような本当に怖い話にはなかなか出会わない。もっとも、隣にいる人の目鼻立ちはおろか膚の毛穴まで見える明るい照明の下では、怪談を聞いても読んでも怖くなくなろうというものである。『伽婢子』に、百物語のやりかたが記してある。

「百物語には法式あり。月暗き夜行灯に火を点じ、其の行灯には青き紙を貼りたて、百筋の灯芯を点じ、一つの物語に、灯芯一筋づつ引きとりぬれば、座中漸く暗くなり、青き紙の色うつろひて、何となく物凄くなり行く也。それに話つづくれば、必ず怪しき事、怖ろしき事現はるとかや。」。

明治あたりまでは、このような怪談会がしばしば行われたらしいが、大正、昭和を経てすでに平成に至っては、こんな非生産的な馬鹿馬鹿しいことに人が集まるということはなくなってしまった。かといって、一人自分の部屋に籠って電気を消し、蝋燭のあかりを頼りに怪談集を紐解いても、隣室からテレビの音などが響いてくるようでは興ざめである。時代とともに「あやかし」の怖さは過ぎ去り、むしろ「人」の方が恐ろしい存在となった。他方、奇談の方は、煌々たる電燈の下で読んで差し支えない。

六〇年代のはじめ、hayakawa library で、フランク・エドワーズの『しかもそれは起こった』、『科学に挑戦する』などという超自然の謎と銘打った本が発売されたことがあった。家族の目の前で忽然と消えうせた男の話とか、有名なマリー・セレスト号の話などを紹介したもので面白かったが、この本に記されたところは超自然とよぶに相応しく、「ふしぎ」という言葉のもつニュアンスとは少し異なる印象であった。

柴田宵曲の『妖異博物館』は昭和三八年一月の発行、続編である『続　妖異博物館』は同年八月の発行であるから、半年少しの間に続けて二冊が出されたことになる。「続」の著者「はしがき」によれば、前者の主流は江戸時代から、後者は主として中国の話から選ばれたとされている。著者曰く、「『続妖異博物館』が『妖異博物館』に比して何か違ふところがあるとすれば、先づこの点に帰すべきであろう。またその程度の変化もないとしたら、わざわざ二冊の書物を作る必要がないことになる。」と。

さて、本書には、「大入道」、「轆轤首」、「舟幽霊」等々実にさまざまな「あやかし」が載せられているので、どれを紹介してよいものか迷うのであるが、私に家にいた猫が生涯にたった一度だけ鼠を捕まえたことがあることに因んで、「猫と鼠」から少しばかり引用しよう。

『閑窓瑣談』から。或る寺で飼っている猫に隣の家の猫がお伊勢参りの誘いに来るが、寺の猫が、「わしも参りたいが、この節は和尚様の身の上に危ういことがあるので」と断ると、二匹の猫はなにか囁き交わすようにしていたが、やがて隣の猫は立ち去った。その夜、本堂の天井に恐ろしい物音が聞こえる。折ふし雲水の僧が止宿していたのに、この物音が聞こえても一向におきてこない。夜が明けてから天井裏を調べてみると、寺の猫は朱に染まって死んでおり、隣の猫も半ば死んだようであるが、傍らに二尺ばかりあろうかという古鼠が倒れているのであった。「最も怪しむべきはその鼠が滞留中の旅僧の衣を身に纏っていた一事で、察するに古鼠が旅僧に化けて来て和尚を食おうとし、猫は旧恩を報ずるため、命を捨てて住職の災いを除いたものと知れた。」。隣の猫もいろいろ介抱したがついに助からなかったので、塚を立てて法事を営んだという。

飼い猫が恩を報ずるために鼠と戦う話は『耳嚢』にもあり、自分だけではかなわないからと助っ人の猫を借りてもらって退治するところは、前の話と似ているのである。ここでも、その家の飼い猫は鼠と相討ちとなって死んでしまう。もっとも、助っ人まで頼んで鼠と大騒動して戦う猫などは未だ至らざるものである。『続巳編』にある猫は、鼠の出るところに籠に入れて置くだけで周囲の鼠が皆死んでしまうという逸物であったという。

富田常雄の『姿三四郎』にも名猫の話がでてくる。自分の柔道に行き詰まった三四郎が、師の矢野正五郎に柔道を辞めさせてくださいと頼むと、正五郎が「これは沢庵が柳生宗矩に伝授した極意とも、又、井藤典膳に伝えたものだともいうが、読んでみるがいい。」といって、『猫之妙術』という本を与えるのである。ある剣術使いの家に、どんな猫でもやられてしまう大鼠がいた。困り果てた剣術使いは評判を聞いてある老猫を借りてくると、その猫はすくんでしまった大鼠をいとも易々と引き食えてきた。そこでその剣術使いが剣の極意を猫に教わる話である（『姿三四郎』「愛染の章」新潮文庫）。

我が家にいた猫は、野良が子を産んで置き去りにしたのを家内が拾って育てたものである。二四年も生きた。猫は年を経るとしっぽの先が二股に割れて「猫また」となり化けると聞いていたが、別にそのようなこともなく、老衰で大往生を遂げた。この猫が若い頃、長いこと風呂場に入ってでてこない。名誉のために言っておくが我が家の天井裏に鼠が住みついていたのではない。ときどき風呂場の石鹸がなくなるから、こやつは下水を伝って風呂場に出没していたらしい。それを知って我が家の猫は風呂場の排水溝からチュウ的が出てくるのを待ち受けていたのである。その甲斐あってある日見事に捕まえて口に咥えて見せびらかしに来た。驚いたのは人間の方である。大騒ぎとなったので猫も驚いて口から放してしまい自身も逃げてしまった。まだ生きていてそこいらを走り回るヤツを私と息子で大汗をかきながらやっと退治たのであった。犬は三日の恩を忘れないが猫は三年の恩でも忘れると言い、犬には化け犬はないが猫には化け猫があるなど、どうも猫は犬よりも分が悪いようである。しかし、『妖異博物館』の猫は、主人の危急を命をかけて救った立派な猫である。我が家の猫は24年の恩を鼠一匹で返してくれたただけだが、主人のわれわれはそれで満足している。

本書のように、和漢の文献から奇談を集めた面白い読み物に、百目鬼恭三郎『奇談の時代』（朝日新聞社）もある。こちらにも、「妖鼠と戦う忠義な猫」と題して、先に紹介した『閑窓瑣談』と『耳嚢』の同じ話が引かれているが、江戸中期の百科事典『和漢三才図会』では、「およそ一〇年以上年をとると、猫の中には、化けて災いをなすものがある。全身が赤黄色の猫は化けやすく、暗がりで逆毛をなでると光を放ったり、油をなめたりするのは、化ける証拠だ。」と書かれているそうである。

（柴田宵曲「妖異博物館」「続妖異博物館」青蛙房、昭和三八年）

松村善雄「乱歩叔父さん」

我々の世代で、子供のころ、明智小五郎や小林少年が活躍する江戸川乱歩の少年向け探偵小説を読まなかったものは、少ないのではなかろうか。著者は、乱歩とは二〇歳あまり年下のまた従兄弟（従兄弟ちがい）の間柄にある。叔父甥の関係にはないが、年上の親戚の大人を「叔父さん」と呼ぶのは普通のことである。本書は、「江戸川乱歩論」、という副題がついているとおり、読み物の形式をとった乱歩研究ともいうべき書物である。

江戸川乱歩は、いまさら言うまでもないが、一昔前、推理小説界において、乱歩の時代においては探偵小説と呼ぶ方がふさわしいが、大御所と呼ばれた人物で、いまでもその名は人口に膾炙していよう。推理小説は、マニアあるいは隠れた研究家が多い分野だと思うが、私には推理小説を語る資格はない。やたら乱読する対象のなかに、推理小説もいくつか入っているという程度に留まるからである。したがって、以下に述べることも、推理小説論などというものからは程遠い雑文である。

『幻影城』の冒頭に、「探偵小説とは、主として犯罪に関する難解な秘密が、論理的に、徐徐に解かれて行く経路の面白さを主題とする文学である。」という定義が掲げてある。乱歩は、推理小説が文学の一ジャンルとして認められること、より直裁にいえば、自身を大衆が好む低俗な作家としてではなく、文学者として認知されることを強く望んでいたのではあるまいか。それにもかかわらず、「あれほど尊敬し、影響もうけた谷崎潤一郎に、礼をつくして書を乞うたことがあるが、依頼したのが大衆探偵作家江戸川乱歩であるという理由で断られている。」と著者は書いており、また、「だが、一方では、知的な文学を目指して書いた作品は意外なほど反響がなく、乱歩の名を高からしめているのは、通俗探偵小説であった。そこに乱歩の悲劇があった。」とも書かれている。サマセット・モームが「インテリが気品を損ねずにミーハーになれるのだから、推理小説が流行るのも当然だ」というようなことを言ったそうだが、文学作品などと肩肘張らずに、紳士淑女の気品を損ねずに読んでもらえるものならば、それはそれでよいではないか。文学に入るか入らないかはともかく、最近は文学部の学生の卒論のテーマに、推理作家が選ばれる時代となっているのである。

さて、推理小説ではトリックの面白さが重要な要素となると思われる。ここに、『天城一の密室犯罪学教程』（日本評論社、二〇〇四年）なる書物がある。日本評論社は、法律、経済、数学の分野で専門書や雑誌を出している出版社であって、一般向けの推理小説を出版するような会社であるとの認識はなかった。もっとも、ずっと以前、『浴槽の花嫁』など犯罪実話を扱ったイギリスのペンギン叢書にある「フェイマウス・トライアルズ」の翻訳を出したことがあるが、これも興味本位の犯罪実話ものではなく、法廷（裁判）実話とも言うべきお堅いものであったので、あまり売れたようでもない。そのような出版社が「密室犯罪教程」などという書物を出したものだから、手に入れてみたのである。著者天城一氏（いうまでもく筆名である）は、大学勤務の数学者でその本業との関係で日本評論社からこのような本を出版されたのであった。氏は、研究の傍ら推理小説をものされる方で、若い頃の作品が乱歩の目にとまり『宝石』に掲載してもらったという経歴の持ち主である。

氏は、この書の乱歩に捧げる「献辞」のなかでは、乱歩を師と呼び先生と呼びかけているのだが、そこで、トリックという言葉は日本語でしかも乱歩の造語であり、英米の探偵小説社会ではトリックなどという英語はないとしている。もちろんtrickという英語はあるが、わが国の推理小説で使われるトリックという意味で英米でも使われているのかどうかは私には知識がない。ただ、天城氏自身トリックなる言葉はこの「献辞」のなかの以後の文章でも使われているのであって、例えば、「トリックというものは、探偵小説にとってそれほど尊いものか。」とされている。この言葉は、乱歩が推理小説においては、「何をおいてもまずトリック」が重要だと主張していることへの反論として述べられている。そして氏は、具体例として、「『奇妙な足音』をチェスタートンの数ある傑作の中でも第一の傑作に推す人はたくさんいます。しかし、この作、トリックらしいトリックなどは、何ひとつとして含んではおりません。」と述べられている。しかし、見解の相違かもしれないが、私などからみても、このチェスタートンの作品は、見えない人物による犯罪で、広い意味の密室ものに入れられるのではないか、現に見ているのに普段見慣れているものだから気がつかないという人間の心理を利用する手法は、やはり乱歩のいうトリックではないかと思う。この「献辞」は、痛烈な乱歩批判を含んでいる。天城氏は、師を超えるためには師を批判することが必要だというのであるが、批判されるものが亡くなってからの批判は反論の機会が与えられていないだけにいかがなものかと思うとともに、批判することそれ自体では対象を乗り越えたことにはならないということを言っておきたい。

本書の著者松村氏には、別に『怪盗対名探偵』（晶文社）がある。「フランス・ミステリーの歴史」なる副題がっついているが、狭い意味でのミステリーにとどまらず、氏がいうところのfuilleton（新聞小説）までを含めた、フランス通俗小説の見事な集大成である。余計なことだが、松本清張の『点と線』がle rapide de tokyoという題でフランス語に翻訳出版されていたことは、この書で初めて知った。松村氏の本業は外交官である。武則天のもとで宰相までつとめた狄仁傑を主人公とするディ判事ものを書いたロバート・ファン・ヒューリックも外交官であった。ヒューリックと乱歩とはほぼ同世代であり、乱歩を囲んだ座談会などにも顔を出している。ディ判事シリーズは、その大部分をハヤカワ・ポケットミステリーで読むことができる。その書では、著者自らの手になる挿絵数葉も収められていて、そのことも興趣あるところである。

ある一日、英国車ローヴァーの展示場を見に行ったことがある。結局車は買わなかったが、その展示場では、イギリス車であることの雰囲気を出そうとしてであろうか。何冊かの横文字の書物が車の傍らに並べられていて、何気なく手に取ったところ、パジェットの挿絵入りのシャーロック・ホームズが掲載されたストランド・マガジンを合本製本したものであった。車はいらないがこの本を売ってくれと頼んだのだが、にべもなく断わられてしまった。車を買うからおまけにこの本をというのならわかるが、かなり図々しい申し条と当方も思ったので、あっさり引き下がってしまったけれども、今思えば残念なことをした。ミステリーに縁がなくはない話であることと、日が経つほどに悔しさも増すということもあって、この際吐き出させて頂くことにする。

（松村善雄「乱歩叔父さん」晶文社、一九九二年）

火野葦平「陸軍」――私の戦争体験

私は、昭和一〇年（一九三五年）の三月生まれである。早生まれだから昭和一六年の四月に国民学校に入学し、その年の一二月八日に太平洋戦争が始まったのであるから、戦争体験などといっても、小学校一年から四年の八月までであって、大した経験をしているわけではない。しかし、戦後生まれどころか平成生まれの人が成人を迎えている現在、乏しい体験ながらその表相でも語っておく必要があるのではないかと思う。

私は、東京の牛込で生まれ育った。昔のことだから、いわゆる御用聞きが家に出入りしており、魚屋のお兄さんが盤台を担いでやってきては、内玄関（勝手口というか、家族のものや御用聞きが出入りするところ。正面の玄関は父及び来客専用であった。）の前庭で、魚をおろしているのを、幼い私が側にしゃがみこんで眺めていた記憶がある。その魚屋のお兄さんもいつの間にかこなくなった。兵隊にとられたのである。幸いにして、私の身内には徴兵されたものはいなかった。父は年齢的に対象とはならず、男の子は私一人であった。姉は女学校生として勤労動員で働かされたらしい。ずっと年の離れた従兄弟で兵隊に行ったものがいるが、これも幸いに戦死せずに帰国している。

小学校の教育は、いうまでもなく、教育勅語を暗記させられ、紀元節を奉祝し、御真影を礼拝する忠君愛国教育である。これらの言葉も死語となっているから解説がいるであろう。勅語とは、通常は天皇の言葉を意味するが、明治憲法のもとでは、天皇が大権に基づき、国務大臣の副署を要さずに、親しく臣民に対して発表した意思表示をいう。現人神（人の姿となってこの世に現われた神）である天皇が日本国を治め、臣民は天皇に忠誠を尽くすことを本分とする国体にあって、いかなる教育方針があるべき姿かを示したものが教育勅語といえるであろう。紀元節とは、第一代天皇である神武天皇が即位した日を祝日としたものだが、まさに同じ日をもって建国記念日という名で復活している。御真影とは、高貴の人の肖像画・写真などを敬っていう言葉だが、学校教育の場では、宮内省から各校に交付された天皇・皇后の写真を意味する。われわれは、紀元節、天長節（現在は、天皇誕生日）などの祝日に、校長が、御真影をうやうやしく飾って、いとも厳粛に教育勅語を拝読するのを頭を垂れて聞かなければならなかったばかりではない、市電（まだ都制にはなっていなかった。）が皇居前を通過するたびに、乗客は帽子を取って宮城に頭を下げるのであった。このような時勢の子供たちだから、男の子の遊びは、戦争ごっことか水雷艦長などというものが主であった。女の子の遊びは知らない。なにしろ男女七歳にして席を同うせずという考えが残っている時代である。小学校のクラスも男女が分かれていて、男の子が女の子と遊ぶなどは女々しいと蔑まれたものである。

わが国は、太平洋戦争の以前から、支那事変を惹起しいわば戦時下にあったが、このころのことは、勇ましい皇軍（天皇の軍隊であるからこう呼んだのである）の活躍を後になって少年向けの読み物で知ったので、直接の記憶はあまりない。事変という言葉もおかしな言葉であって、宣戦布告のない戦争状態を意味するが、宣戦布告なしに一国を相手に戦争を仕掛けていることの不法性を糊塗する言葉といえよう。ある事実を適切に意味する言葉があるにもかかわらず、本来別のことを意味する言葉で置き換えて用いることは、事実の意味を曖昧にし、その本質の把握を誤らせる可能性があり避けるべきだと思う。敗戦といわず終戦というのもそれであって、太平洋戦争はわが国が敗けたから戦争が終わったのである。

真珠湾攻撃は明瞭に記憶にある。航空機の活躍の他に、特殊潜行艇が何隻か用いられた。潜水艦で入って行けない湾内に侵入するための小型の潜水艦である。攻撃した後に母艦に帰還することにはなっていたようだが、その全てが帰らなかったのではなかったか。戦死した乗組員の一人をモデルにして岩田豊雄が書いた小説が『海軍』である。これも、近時文春文庫で復刊されている。『陸軍』や『海軍』の復刊を戦後半世紀以上も経っての軍国思想の復活とみることもできようが、それ以前にもいわゆる戦記ものは多数出版されており、それらに比べて、一流の作家が、当時において太平洋戦争にいかに向き合ったかを知るうえで貴重な出版ともいえ、あえて批難する必要もないであろう。ただ、これらについての私の感想だけは述べておきたい。

『海軍』は、記憶によれば、鹿児島出身の青年が、江田島（海軍兵学校）に入り、卒業して少尉に任官して間も無く、開戦と同時に特殊潜航艇の乗員となって戦死するまでを描いたものである。小説の上では谷真人という名であるが、出撃前に書き残した「断じて行へば鬼神も之を避く」という言葉から、実在のモデルが特定できる。真人よりも海軍に憧れ、眼が悪いために諦めて画家となったその友人、秘かに真人を慕う画家の妹。軍人として国に殉じた主人公を美化して書かれてはいるが、さほどまでの戦意高揚小説ではない。

これに対して『陸軍』は、なにかといえば軍人勅諭が出てくるし、全編の精神は、書中引用されている「筑前今様」そのままの帝国陸軍軍人を賛美する軍国小説である。

すめらみくにのもののふは　　いかなることをかつとむべき

ただ身にもてるまごころを　　君と親とにつくすまで

文春文庫版『陸軍』の解説によれば、朝日新聞に連載されたのちに一冊に纏められた本の奥付には、昭和二〇年八月一五日印刷、同月同日発行となっていたそうで、「天皇の終戦放送が行われた日に発行された同書は、おそらく廃棄処分になったのだろう」と書かれている。実は、私は、朝日新聞社発行の紙質が悪いために七センチくらいの厚さのある『陸軍』を、それ以前に発行されていた『海軍』ともども持っていたのである。どういう経緯で『陸軍』を入手したのかは覚えが無いが（たぶん叔父から貰ったものであろう。）、これらの書物は戦後しばらくして処分してしまった。

昭和二〇年三月の東京大空襲は有名だが、その前から東京は空襲をうけるようになり、下町の方が夜空に赤く焼けるのが二階の窓から望見できるようになると、私の小学校のクラスも櫛の歯を引くように学童たちは疎開で居なくなっていった。私の生家は強制疎開というもので取り壊されることになり、近くのかなり小さい家に転居することになった。強制疎開とは、国が延焼を防ぐため線引きをして、それに該当した家並みを強制的に取り壊すのである。実際に取り壊されたかどうかまでは知らない。というのは、私はこの新しい家に何日も住むことなく、縁故を頼って母と二人で西伊豆の漁村に疎開をしたからである。沼津から連絡船が下田まで出ており、その途中にある宇久須という村である。今でも西伊豆には鉄道がないが、修善寺からバスが通じていると思う。当時は西伊豆海岸の漁村に行くのは船便しかなかった。村の小学校に入学して、都会から来た生意気な子供ということでいじめられた。縁故疎開をした東京の学童は田舎の子から例外なくいじめられたらしい。私の同僚であった教授は長野県に疎開したらしく、いまだに長野県人は許せないとときに憤激していたことを思い出す。それはとにかく、漁村であったし取れた魚は当時の輸送事情から都市部に送るということもなく、不自由はなかった。飴などの菓子類は手に入るはずもなく、東京から運んだものの中に角砂糖が一箱あって、毎日一個づつ楽しみに母から貰ったものである。

いじめに会ったことを除いては、子供にとっては、戦争などどこにあるかというようなのんびりした暮らしではあったが、あるとき、私たちは艦載機の銃撃を受けたのである。なぜか一機だけであったが連絡船を追ってきた艦載機が、おりから浜辺で遊んでいた子供たちを機銃掃射し、子供が一人犠牲になった。映画「禁じられた遊び」に、避難民の列をドイツの戦闘機が機銃掃射する場面があるが、銃撃の音は凄まじく、かなり離れたところにいた私にも、歯の根の合わない恐ろしさであった。この米軍のパイロットにも家族はいたであろう。子供もいたかもしれない。非戦闘員のしかも子供を撃つなどということは、通常は考えられないことで、面白半分にしたとしか思えないのである。日本軍の残虐行為が戦後非難され、他方、それならば米軍が原子爆弾で都市を壊滅させた行為はどうか、など、非難の応酬は未だにあるが、そのようなことを声高に罵り合っても意味があるとは思えない。戦争行為の非人間性、戦争は人を狂気に駆り立てるものであることを、私は身をもって体験したのである。

もう一つ、敗戦を契機として私は貴重な体験をした。それまで使っていた教科書ががらっと変わったことである。大日本帝国憲法が廃止され（手続的には改正であるが）、日本国憲法が施行されたのは昭和二二年だが、それ以前から文部省が通達したのであろうか（この点は調べていない）、教育の現場では、昨日までの忠君愛国教育は誤りとされ、民主主義教育が行われるようになった。新しい教科書が間に合わず、教師の指示によって新教育の精神に合わない箇所には墨を塗らされたが、これを敗戦前までと同じ教員がしれっとして指図したことである。上辺だけの教育方針としてではなく、教師個人の思想信条として忠君愛国を説いたのであるならば、そしてそれが敗戦によって真摯に反省されたことによる新教育であるならば、いかに相手が子供とはいえ、教師たるもの「これまで君たちに教えてきたことは誤りであった。」と一言謝るべきである。要するに、子供の私は、大人たちがかくも容易に思想・信条ないしは価値観の転換を受け入れられることを知ったのであった。

（火野葦平「陸軍」上下、中公文庫、二〇〇〇年）

後記　本文中には、『陸軍』、『海軍』とも戦後に処分してしまったと書いたが、過日、雑然と本を押し込んである書棚を整理したところ、『海軍』が出てきた。書名は正しくは『小説　海軍』である。朝日新聞社、装丁は、川端龍子で、鬼に化した主人公が魚雷に跨って敵艦を目指す図柄である。昭和十八年刊。昭和十七年度朝日文化賞受賞作品とある。

江口雄輔「久生十蘭」

本書の腹帯では「初の評伝」とあり、著者は、フランス文学専攻の研究者であるが、「あとがき」によれば、一九九一年から一年間月刊誌『ふらんす』に連載したものに改稿し加筆して成ったのが本書とある。

私が、久生十蘭の名を知ったのは、戦後10年を経て、箱入りの書籍が売られるようになったころ、『肌色の月』（中央公論社）を手にしたときである。その書物には、「肌色の月」のほかに、「予言」と、一九五五年第二回世界短篇小説コンクール第一席となった「母子像」とが収められていた。「母子像」は、本書によれば、受賞の対象となったのは吉田健一の手になる英訳 Mother and Son だが、細部には原文との重要な異同がかなりあるそうである。

「肌色の月」は、十蘭の絶筆となった作品である。久美子という女性が自殺する目的で伊東へ行き、見知らぬ紳士に声をかけられて、その人の湖畔の別荘に泊まることになるが、翌朝目覚めてみると紳士の姿はなく、殺人の嫌疑をかけられるというミステリー仕立ての中篇である。十蘭は完成を見ずして亡くなったので、夫人が後を書き継ぎ、体裁を整えて上梓されたものである。灰色の月ではなくやや赤みを帯びた肌色の月という題名は、不吉な結末を予感させるが、夫人の手によってハッピーエンドとなっている。フランス留学にシベリア鉄道をつかい、車中の退屈しのぎに、車掌を相手にチーズで作ったサイコロ賭博で終日を過ごしたなどという、十蘭その人を漠然とだが知ることになって興味を抱き、『魔都』、『地底獣国』、『顎十郎捕物帳』、『平賀源内捕物帳』、『真説鉄仮面』などを読むこととなった。

「とくに戦後の十蘭の文章については、こくのあるブランデーに喩えた人もあるし、文学的にはプロスペール・メリメや森鴎外に比較した例もある。ともあれ十蘭を読む楽しみは、いうまでもなくその幕開き部分に留まるものではない。塚本邦雄が『仄かな俳諧の味さへ含む余韻、物語が終ったところから登場人物がまたの世へ歩み出すその足音が、読者の心に遠い太鼓のようにひびいてくる醍醐味』と書いたこともあるほどで、作品の幕切れもまた愛読者からすれば喝采を贈りたくなる場合が多い。」と江口氏に評された十蘭の文章は、私の知見の範囲では、かなり衒学的なところがあって（十蘭の方がスマートだが、小栗虫太郎を想起した。）、ある点では十蘭特有のミスティフィカションを感じさせる。江口氏も、「フランス語でタイプライターは machine à écrire（書く機械）だが、こんな時の十蘭は小気味よく作動する〈書く機械〉であり、増殖していく言葉が次々に打ち出されてくる。意味内容よりも言葉の動きのほうが先行するこうした傾向は、十蘭愛読者のよく知るところだ。」と述べられている箇所もある。そのことはとにかく、江口氏の本書は、氏がフランス文学者であることもあって、「一九一九年、パリへ」、「パリ風景」、「パリの日本人群像」、「パリの十蘭」、「コート・ダジュールの十蘭」と、フランスにおける十蘭の足跡を余す所なく写して快著である。本書には、「鉄仮面をめぐって」という章があり、以下は多少この不可思議な人物について触れてみたい。

鉄仮面、じつはビロードのマスクで顔を隠した人物が誰であるのか。権力により投獄され、終生素顔を見せることを許されず（人に顔を見せたときには直ちに殺すよう命じられていたという）、挙措動作に気品があって、獄中にあっても特別待遇を許されていたという謎の人物について、これまで書かれたものは千を越すそうである。マルセル・パニョルの『鉄仮面の秘密』（佐藤房吉訳、評論社、昭和五一年）の解説では、フランスの百科事典の定説では、十蘭と同じく鉄仮面＝マティオリとされているそうだが、パニョルの論文ともいうべき書物では、さまざまな考証の末、デュマと同じくルイ一四世の双子の兄としている。デュマ・ペールは、生涯にわたって小説二五〇巻余を書き「若しくは署名した」。岩波文庫の『三銃士』の訳者、生島遼一氏は、同書の解説でそのように書かれている。デュマが多くの助手を使って書いたことは有名だからである。莫大な収入と盛大な浪費、一〇数度に及ぶ決闘歴など、デュマの破天荒な生涯については、ガイ・エンドア『パリの王様』（河盛好蔵訳、講談社、昭和四八年）がある。『三銃士』の続編に、『二〇年後』、『ブラジュロンヌ子爵』があり、ダルタニャン物語は三部作を構成しているのだが、『ブラジュロンヌ子爵』の一部が「鉄仮面」にあてられている。

アラミスがバスチーユの囚人のところに訪ねていくまでは、この囚人は自分の出自を知らなかった。アラミスは、王妃アンヌ・ドートリッシュが一八六三年九月五日に二時間の差で二人の王子を産んだこと、フランスは長子相続制であるが、現在王位に就いているのは先に生まれた子であり、医師と法律家は、先に生まれた子がはたして神の法と自然法による年長であるかどうかを疑い得る理由があるとしていることなどを、囚人に告げるのである。そして、それまで鏡をとりあげられ、自分の顔を見ることが許されていなかった囚人に、鏡とルイ一四世の生けるがごとき七宝の肖像とを与えて、両者を見比べるように勧める。アラミスはいう。「わたくしは、この肖像に描かれた人と、この鏡に映っている人と、お二人のうちのどちらが国王であろうかと、思案しているのでございます。」(鈴木力衛訳、ダルタニャン物語・一〇『鉄仮面』(講談社文庫)より)。このように、デュマは、鉄仮面はルイ一四世の双子の兄としているのである。比較的最近、「鉄仮面」は「タイタニック」で名を挙げたデカプリオの主演で映画になった。デカプリオがルイと仮面の男の二役を演じているのだが、太陽王とよばれたルイ一四世の風格も品格も感じられないミスキャストでしかなかったと思う。

十蘭の『真説・鉄仮面』では、仮面の男は、王妃アンヌ、ドートリッシュの子であるが宰相マザランとの間でできた子で、これがルイ一四世として即位し、王と王妃の間に生まれた真の王位継承者はマッチョリと名づけられて幽閉されてしまうのであるが、これを書いた翌年の渡辺紳一郎との対談では、真実の主人公は、「北イタリアのマトゥア公国のエルコーレ・マッチョリ外相なんです。」と述べているそうであって、そうすると、王妃の子ではないことになってしまう。江口氏いわく、「十蘭の頭の中には、いろいろな〈鉄仮面伝説〉が燻っていたらしい。」と。フランスの百科事典もそうだが、鉄仮面がイタリアのマティオリ伯爵ではないかという説はもともとあったのである。江口氏が面白い挿話を紹介しているから、それを引用して終わることにする。「ルイ一四世の双子の兄弟説に尾鰭がついて、サント・マルグリート島の〈鉄仮面〉に一人の息子が誕生し、コルシカ島に隔離され、その時〈高貴な方、Bonne part イタリア語で buona parte〉の子と呼ばれ、それが Bonaparte となりナポレオンの出現となったという説まである。話が面白いせいか、ミシュランのガイドブックでもサント・マルグリート島の解説のなかに引かれている。」そうである。

（江口雄輔「久生十蘭」白水社、一九九四年）

鹿島　茂「愛書狂」「怪帝ナポレオンⅢ世」

鹿島氏は、『愛書狂』の前に『子供より本が大事と思いたい』を出版されており、本書はその続編というべきものである。愛書狂という言葉はなぜか広辞苑には載っていない。他方、bibliomanie の訳語としてはちゃんとある。本書は、愛書家であり書物収集家である鹿島氏が、苦心して集めた「ロマンチック挿絵本」の二五冊を紹介する。

ロマンチク挿絵本 illustré romantique とは、氏によれば、一八四〇年ころを中心に、ユゴーの『ノートルダム・ド・パリ』、『レミゼラブル』、マロの『家なき子』などに挿絵を施して出版されたものをいうそうである。本書に紹介されたさまざまな挿絵も興味深いが、私には、氏の書斎であろうか、表紙カヴァーに用いられた、中央のあかり採りの窓を挟んで天井までぎっしりと革装の書物が並んだ室内の情景が素敵であって、何気なく置かれたランプや椅子の趣味もよく、ドライフラワーの籠盛が横倒しに重ねた書物の上に飾られているのも心憎い。このような部屋で終日読書ができたらと羨ましく思うのだが、鹿島氏がその後に出された『神田村通信』（清流出版、二〇〇七年）では、本の洪水に押し流された氏は、書物を収めるために神田にオフィスを借りて、どうやらそちらが現在は氏の活動の場となっているらしい。神田のビルの一角では、いかにもフラシス文学者の書斎という雰囲気は出せないのではないであろうか。この『神田村通信』には、ちょっと私には解せないところがあった。その書の中で、氏は昭和二四年の横浜生まれで、昭和43年にはじめて神保町を訪れたと書いているにもかかわらず、「序章」に描かれているのは昭和30年代の神保町であることとである。

それはとにかく、鹿島氏には、『情念戦争』（集英社インターナショナル、二〇〇三年）、『怪帝ナポレオンⅢ世』（講談社、二〇〇四年）という実に面白い著書がある。『情念戦争』は、フーシェ、タレーラン、ナポレオンの三人の情念、ナポレオンの熱狂情念、タレーランの移り気情念、フーシェの陰謀情念が、相排斥しあって、フランス革命からワーテルローに至る激動の三〇年がもたらされたという視点から、この間の歴史を描くものである。もし彼らの情念がうまく結びついていたとすれば、情念共同体たるフランスの引力均衡は磐石なものとなり、「もはやヨーロッパなどというものはなく、一つの広大なフランス帝国がそれにとって代わっていた」とバルザックをして言わしめていたそうである。

『怪帝ナポレオンⅢ世』は、母はナポレオンの后だったジョセフィーヌの妹、父はナポレオンの弟のオランダ王ルイ・ボナパルトで、当人はナポレオンの甥とされているが、母親が尻軽だったために、いまだにナポレオンとの血のつながりが疑問視されている男である。なんということとなしにフランス皇帝にまで昇りつめ、対プロシアとの戦争であっけなく捕虜となって終わる奇妙な人物を描いたものである。この人物の評価は、オスマンに命じてパリの大改造をなさしめ、ために パリが世界遺産に登録されるまでになったことは周知のところだが、一般的には、「陰謀好きなたんなる馬鹿」とか、「好色で宴会好きの成りあがり」としか見られていなかった。本書『怪帝』には、第二帝政全史という副題が付されており、ナポレオン三世が人為的に誕生させた加速型資本主義がその後の産業社会、とりわけ消費資本主義の骨組みを決定づけたという面を含めて、評価すべきその人となりを吾人に知らしめようとする快著なのである。ナポレオン三世は、プロシアに敗れた後イギリスに亡命した。息子ルイ皇太子は南アフリカにおけるイギリスとズールー族との戦争に参加して戦死する。父子は、ビクトリア女王のはからいでロンドン近郊のフランスベネディクト派の修道院管理の墓地に埋葬される。鹿島氏はこのように述べて本書を締めくくっている。「セント・ヘレナ島のナポレオンの遺骸は、大々的なセレモニーのうちにパリのアンバリッドに移され、国民の英雄として、全世界的に礼拝されている。しかるに、実質的にフランスのために叔父以上の業績を成し遂げたナポレオン三世のそれは、死後、一三〇年を経ても、フランス移送が計画されたこともない。第二帝政がなければ、果たして、フランスが近代国家の仲間入りできたかさえ疑わしいというのが、歴史家の間で定説になりつつあるというのに、この仕打ちはあまりにもむごい、と言わざるをえない。ナポレオンⅢ世こそは、『評価されざる偉大な皇帝』なのである。」と。

ここで全くの余談に入る。セシル・スコット・フォレスター、一七歳で海軍士官候補生となり後には海軍元帥にまでなる、ホレイショー・ホーンブロワーを主人公とする帆船軍事小説を書き、高橋泰邦氏の翻訳紹介によってわが国でも帆船小説（これは、高橋氏の命名である）ブームを巻き起こしたが、一九六六年にフォレスターは死亡する（したがって、高橋氏の「口説き一〇余年」によってやっと早川書房が出版を引き受け、その第一冊目『海軍士官候補生』が日の目をみたときには、原作者はすでに亡くなっていたことになる。）。その未完の絶筆となった『最後の遭遇戦』The Last Encounter にナポレオン三世が登場するのである。

海軍元帥ホーンブロワー卿が自邸で愛妻バーバラと寛いでいる風雨の激しい夜陰に一人の訪問者が現れる。鉄道が不通となったので、ドーバーに出る別の汽車に乗るために馬車でメイドストンまで送って欲しいと言うのが依頼である。客人はいう。「わたしの用向きは、この上なく重大なものなのです。わたしのパリ到着に、フランスの命運がかかっているばかりでなく、世界の将来の歴史――人類全体の行く末もかかっているのです。」。てっきり狂人だと思ったホーンブロワーはなんとか口実を設けて断ろうかと思案しているところに、バーバラが、その人物のいう通り送ってあげるように勧めるのである。それから一ヶ月余り経って、ホーンブロワーの手許にフランスの外務大臣から一通の書状と小包が送られてくる。「先般、殿下のパリ向け御旅行のみぎり貴下の御厚情によりお与え下された御助力に対し」レジオン・ドヌール勲爵士の勲章をホーンブロワーに、小包のサファイアは、「この品が殿下の記憶に今も鮮やかな明眸にふさわしき贈り物なれかしと殿下は望んでおられます。」という添え状とともにバーバラに贈られるのである。ホーンブロワーの反応は次のようである。「ペテン師め、あの男、あっという間に皇帝を自称するようになるぞ。ナポレオン三世、だろうな。」。

訳者高橋氏は次のように推測される。「この序章から推すと、彼は嫌いなフランスと組み、好きなロシアと戦うべく、老躯をおしてふたたび英国艦隊を率い、遠征の途に出で立つ運命ではなかったろうか。そしてもしや作者はホーンブロワーの最後をも描く構想だったのでは――?」と。


（表題の二冊の出版社、出版年は本文中に記載）

澁澤龍彦解説「幻妖　日本文学における美と情念の流れ」

澁澤龍彦の名は、サド侯爵の研究家として挙げられるべきものなのであろうが、私には、自らが嗜好する人工美の枠に取り巻かれて生活する耽美主義者デゼッサントを主人公とするユイスマンの奇書『さかしま』（桃源社、昭和三七年）の訳者としての印象が一番つよい（ちなみに、J.K.Huysmansは、出口祐弘訳『大伽藍』では渋澤と同じくユイスマンだが、『幻想礼賛譜』、『出発』、『彼方』、『腐乱の華』の田辺貞之助訳ではユイスマンスとなっている。）。澁澤の仕事は百科全書的といってもよいであろう。プリニウスの『博物誌』の紹介、『毒薬の手帖』をはじめとする「手帖もの」、絵画においても異端の作家を紹介した『幻想美術館』、『犬狼都市』から『高岳親王航海記』、『唐草物語』などの自前の小説、石川鴻斎の『夜窓鬼談』から想をえた『眠り姫』など、洋の東西を問わないその博覧と、それを自家薬籠中のものにして吾人に提供される手腕には驚くほかはない。私は氏の仕事やその風貌までが好きで、全集こそ揃えていないが、鎌倉の自宅の写真集まで購入した隠れファンの一人である。このような才人の仕事を採り上げて私ごときが雑文のタネにすることは至難の業である。本書は、澁澤龍彦解説とあるものの、渋澤氏が編んだアンソロジーであることは明らかなので、私ならこれを選ぶがという観点から一文を草したい。

巻頭には、幸田露伴の「新浦島」が選ばれている。白状すれば幸田露伴は殆ど読んでいない。有名な、『五重の塔』（これは昔映画化されていた）を若い頃読んだ程度である。和漢に造詣の深い尊敬すべき知識人であることは承知しているが、漢語を多用した美文調にはやや辟易した。「新浦島」はかなり長い。短篇の「観画談」あたりの方が幻妖を感じさせるのではなかろうか。

次は泉鏡花の「天守物語」である。鏡花を私は好きである。文章も作家としての生き方も相容れないような芥川龍之介も、鏡花を高く評価していた。両人にどの程度の交流があったのかは知らないが、芥川が亡くなったとき鏡花は弔辞を読んでいる。これは私の偏見であろうが、鏡花の文章は眼で読む文章であって、音読する文章ではない。したがって科白から成っている戯曲の作者には向いていないと思う。鏡花の作品はかつて新派がよく舞台にあげたが、いずれも小説を脚色したもので、彼の戯曲をそのまま上演したものではない。鏡花の本領は小説にあって、戯曲ではないと思う。もし私が選ぶなら、「高野聖」だが、これが長すぎるのであれば「眉かくしの霊」。「天守物語」の渋澤氏の解説には、南方熊楠の「人柱の話」が引用されている。姫路城の天守で、森田図書という小姓が「いかにも気高き女」に逢い、ここまで昇ったしるしとして兜の錣を貰うのだが、この話が鏡花の下敷きとなっているのではないかと書かれている。この戯曲では、兜も重要な小道具であり小姓の名も姫川図書之助である。

谷崎潤一郎の「魔術師」。「誰に対しても常にエキゾチックな魅力を有し、男の前でも女の前でも、ほしいままに性的誘惑を試みて、彼らの心を蕩かしてしまふ」という魔術師は、渋沢氏このみのアンドロギュヌスで、この選択には文句をつけまい。

佐藤春夫の「のんしゃらんの記録」が選ばれている。未来社会において、地底深くにしか生活の場を与えられない下層階級の人間にとっては、日の目を見るには、植物に変えられて上流階級の人達の部屋に飾られるほかはなかった。一種のＳＦともいえる作品である。佐藤春夫にしては珍しいテーマであるが、昔の明治大正文学全集の彼の巻には入っていて読んだ記憶がある。詩人佐藤らしく、主人公が可憐な植物となるところなど、多くはモンスターになる変身テーマとは異なって、詩情と哀愁のある作品だが、幻妖という視点からは、怪奇趣味が横溢の「指紋」を推したい。

久生十蘭「黄泉から」、神西清「死児変相」には異存はない。

堤中納言物語から「虫めづる姫君」が選ばれている。氏の「解説」によれば、「一般の学者の意見では、短篇『虫めづる姫君』の鑑賞上の眼目ともいうべきものは、うら若い主人公の異常な、あるいは反俗的な性格であり、伝統的な当時の良風美俗に対する反逆の姿勢であるが……美醜に関する価値転換が、一編の中心的なモチーフとなっていることは言うを俟たぬであろう。姫君が憂すべき存在であるとするならば毛虫も愛すべき存在でなければならない。」とある。氏がこの作品を選んだのは、「美醜の価値の転換」がそのモチーフであることを言いたかったからであって、そのような見方をすれば、たんに、ある女性の偏頗な性格が珍しくて描写したという受け止め方よりも、この作品に文学史上また別の地位が与えられることになるのではなかろうか。余計なことを付け加えれば、私には、この姫君は毛虫の化身のように思われるのである。

今昔物語からは、五つ採られている。「蕪をとつぎて子を生むし話」や「近江の国安義の橋の鬼、人を喰ひし話」は有名である。澁澤氏にしては、ノーマルな選択とはいえないか。

謡曲からは「花月」。これについては、氏は、「どの作品をとってみても、超現実的な幽霊の出現には事欠かない謡曲の分野で、とくに本巻のために私が『花月』と言う現代能を選んだには、しかし、そこに怨霊の醸し出す暗い幽玄美ではなく、むしろ美少年喝喰の明るい天上的なイノサンスを見たいと考えたからにほかならない。」とされる。これは、やはり美少年好みの澁澤氏の選択である。「幻妖」といっても、暗くおどろおどろしいものばかりではない、明るい幻妖もあるのだということを示したかったのであろう。門外漢ながら一言いわせていただこう。落語まで含めていわゆる伝統芸能に現代の作品を多くみる時代となった。私はそのことを否定するつもりはない。しかし、長い年月を経て伝わってきた古典と呼ばれる作品、年月の経過とともに取捨選択されて生き残り伝わってきたものに、やはりその芸能の本当の命が宿っているのではあるまいか。したがって、普段謡曲などを読んだこともない読者に謡曲に漂う幻妖を示すには、古典のなかから選んで欲しかったというのが私の感想である。ではお前ならといわれると知識のない私は困惑するが、「殺生石」などはどうであろうか。

雨月物語からは「白峯」である。雨月、春雨を通じて、上田秋成の傑作は「白峯」であると私は思っているから、この選択には全く異論がない。物語としては「蛇性の婬」を挙げる人もいるであろう。後白河院との確執に敗れて恨みを呑んで亡くなった崇徳院の怨霊の物凄さ、「光の中につらるら御気色を見たてまつるに、朱をそそぎたる龍顔に、荊の髪膝にかかるまで乱れ、白眼を吊りあげ、熱き息を苦しげにつがせ給ふ。御衣は柿色のいたうすすびたるに、手足の爪は獣の如く生ひのびて、さながらに魔王の形、あさましくもおそろし」。恨みを残して亡くなった高位の人が死して怨霊となって祟る話はさまざまある。井上皇后、早良親王などが有名であり、雷となった菅原道真もいる。霊力には生前の位に応じて強弱があるらしい。これら怨霊を鎮めるには、剥奪した生前の位に戻して鎮魂の祭りをおこなわなければならない。このような鎮魂の文化はわが国特有のものであろう。

そういえば、「天守物語」のところで書き忘れたことがある。姫路城には「小坂部姫伝説」がある。小坂部は、小刑部とも刑部ともいうそうだが、城主が交替するたびに見慣れない美しい上臈が現れて、新しい城主に、「この城は誰のものか」と聞く、「お前様のものでござります」と返事をしておけばよいが、「ここは将軍家から拝領したのだから、俺のものだ」とでも答えようものなら、必ず不思議なことが起こると言い伝えられていた。城内本丸に小坂部明神として祀られているにもかかわらず、この姫は天守閣に住んでいるそうである。岡本綺堂は、この伝説にもとづいて小説「小坂部姫」を書いた。この小説が書かれた大正六年は、奇しくも鏡花が「天守物語」を発表したのと同じ年であった。

（澁澤龍彦「幻妖　日本文学における美と情念の流れ」現代思潮社、一九七二年）

倉橋由美子「大人のための怪奇掌篇」

倉橋由美子の名は、彼女が学生時代に『パルタイ』で華々しくデビュウしたので知っていた。残念ながらすでに他界されたが、私とは奇しくも同年であり凄い新人がでてきたものと思ったのである。しかし、私は彼女の作品をまったく読んでいない。というのは、パルタイというドイツ語は私にはなにかまがまがしく感じられ、こんなタイトルを作品につける女流小説家のものなぞ読むまいと思ったのである。お断りしておくが、これは倉橋氏を決して貶めるつもりではない。なにかのきっかけで先入観を抱くと、以後それを理由もなく毛嫌いするという私の偏狭な性格によるのである。だから、その後彼女が多くの作品を公刊しそれらが本屋の店頭に並べられていても、手に取ることはなかった。

老年になり、だらしなくもタイトルからして難しそうな書物を敬遠するようになって、ふと、『大人のための怪奇掌篇』の「怪奇」という文字に惹かれて買ってみたのが本書である。この作品は、もともとは一九八五年に『倉橋由美子の怪奇掌篇』という題で潮出版社から出されたものである。文庫本で一〇頁程度の掌篇を20編集めたもので、第一夜から第二〇夜までとアラビアン・ナイトを思わせる割付けとなっている。この文庫本には、先に述べたように、目次では、たとえば「第一夜　ヴァンピールの会」となっているのだが、それは同時に「章」でもあって、章扉写真（阿部修二）には、「Chapter 1　ヴァンピールの会」となっている。モノクロで静物を写した各章扉の写真はなかなか面白い。とりわけ、本書巻末の「解説」は加賀乙彦氏によるもので、それによれば倉橋氏の作品は、『パルタイ』系のリアリズム小説として、現実世界を見つめて批判し、現代社会を皮肉るような系列と、『スミヤキストQの冒険』系とも言うべき、創造の翼に乗って現実世界裏側を思うさま自由な幻想で描く、今度この文庫に入った『大人のための怪奇掌篇』のような系列とがあるとされている。

以下、本書のいくつかについて、感じたところを述べてみよう。

「第一夜　ヴァンピールの会」「どこかの大学の同窓会らしく、三〇前後の優雅で裕福そうな女性ばかりが、元の指導教授と見られる初老の紳士を囲む会らしいが」、「一人一人を見れば、高級娼婦風の女性あり、『フユードル』でも演じそうな女優を思わせる女性もいる」、その彼女らが、赤ワインに見立てた人間の血を飲む会合を開いていたのである。じつは、彼女らはすべて吸血鬼であったという話である。

この会が極上のフランス料理店で開催されることから、ヴァンピールというフランス語が用いられているのであろうが、吸血鬼の話は、ブラム・ストーカーの『ドラキュラ』を超えるのはなかなか難しいといえそうである。

「第二夜　革命」これは面白い作品である。ガン細胞が正常な細胞にとり代わろうとする仕事を革命ととらえて、その体内で進行中の革命の経過、侵入者と防衛者の攻防が本人に聞こえてくるという筋立てである。革命の成就がそれまでの体制（本人の体）の変革となる（死にいたる）という展望も含めて発想がユニークである。革命者たちは自分たちを「蟹」と名乗る。著者は語っていないが、ラテン語でも英語でも、蟹と癌とは同じ言葉が使われているからである。

「第三夜　首の飛ぶ女」　いわゆる轆轤首の話で、このようなことは『山海経』や『捜神記』に出てきて飛頭蛮とよばれることを著者自身が語っている。わが国でも轆轤首については、柴田宵曲氏が著書『妖異博物館』で採り上げているし、小泉八雲の『怪談』にもある。ただ首が伸びるのと体から抜け出して飛び廻るのとがあり、飛ぶ方は耳を羽のようにして飛び廻るらしい。首が体から離れている間に体を元の場所から動かしてしまうと、首は帰るところが判らず弱って死んでしまうとされている。首が他出している間に父親が娘（実は他人なのだが）とされている体を抱き、首の他出が若い男との逢引のためであることに嫉妬して、シーツで蔽って帰ってきた首が体と接着できないようにして殺してしまう話だが、かなり背徳的な内容である。

「第九夜　オーグル国渡航記」　これは相当にネタをバラした話である。ジョナサン・スイフトを思わせるジョナサン・ツイフトが、『ガリヴァー旅行記』ならぬ「カニバー旅行記」を著し、その新しく発見された原稿に基づくものがこれであるという倉橋氏自ら、オーグルの綴りは、Ogleとなっているが Ogreを変えたものであろうとしているし、ジョナサン・ツイフトが晩年『アイルランド貧民児童の処理に関する一私案』を著して貧民の子供を食用に供すべしと主張したとしているが、スイフトがこのような主張をしたことも事実である（もちろんスイフト一流のアイロニイである）。さらにカニバーなる名がcannibalからの連想からであることも明らかである。以上を踏まえて、カニバーがオーグル国に出かけて住人である鬼を食うという話なのである。

「第一五夜　月の都」　これは、私なる人物が呉氏という道士によって月に行った話である。月に行くのに白銀の橋を渡ってではなく、ここでは，月を道術で呼び寄せるのである。一つ気になったのは、月に行った先輩として玄宗皇帝の話も出てくるが、著者は『長生殿』からとして、楊貴妃が夢で月に行き霓裳羽衣の曲を聴いて、眼覚めてから譜に書きとめたとしているのだが、この曲の作者は玄宗ではなかったかということである。吉川幸次郎博士によれば、「この組曲は、若い日の玄宗が、女几山という名山を望見して得た感興を、作曲したものともいい、また八月の一五日、満月の夜、羅公遠という修験者のみちびきで、月の世界に遊んだとき、耳にした天上の音楽を、記憶によって再製したと、小説的ないい伝えもある。」とされている（新唐詩選続編「長恨歌」）。

「第二〇夜　イフリートの復讐」　麻仁氏の女に手を出した柏木君が、その責任をとらされて麻仁氏から無理やりにあるビデオを観させられる話である。そのビデオの中身は、アラビヤン・ナイトの「第一二夜と第一三夜のある遊行僧の話」（と倉橋氏は書かれている）とほぼ同じく、イフリートというジン（魔鬼）に囲われた女に手を出した遊行僧が、怒ったジンによって女がバラバラにされるところを見るのだが、このビデオでも、イフリート（多分麻仁氏本人）によって女が手足を切られていくところを柏木君は観させられる羽目になる。余計なことだが、正確には、この遊行僧の話は第一二夜の途中から始まって、第一三夜では終わらず第一四夜にまで跨ってシャハラザードによって語られるのである。

総じてこの本に収められた話は、辛口でいえば、その多くがさまざまな書物に記されていることをもとに、倉橋氏が自己流に脚色したものであるという印象であった。

（倉橋由美子「大人のための怪奇掌篇」宝島社、二〇〇六年）

池内 紀「少年探検隊」

「ひそかに夢をたのしんできた。幼いころに親しんだ本を、もう一度、読みなおす。遠い記憶をたしかめながら、いまの目であらためて見直してみる。そんな『二人の読み手』を通した少年文学についての本を書いてみたい。」（本書「あとがき」から）という著者の思いを実現したのが本書である。

『岩窟王』、『家なき子』、『ジャングルブック』から『ピノッキオ』まで、著者が少年のころに親しんだ書物一九冊について述べられているが、だから、『岩窟王』も黒岩涙香のそれではなく、高垣眸の少年向けの『岩窟王』であり、著者はこれと「いまの目」で見直したデュマの『モンテクリスト伯』とを対比させて述べている。

伊藤秀雄の『昭和の探偵小説（昭和元年〜昭和二〇年）』（三一書房、一九九三年）では、高垣眸の代表作として、「豹の眼」、「快傑黒頭巾」、「まぼろし城」があげられており、これらはいずれも昭和二年から昭和一一年の間に『少年倶楽部』に連載されたものである。私は、いまでも「まぼろし城」は、奇怪な黒衣の「まぼろし武士」の挿絵とともにこれと戦う幕府隠密小暮月之助の名を思い出すことができる。池内氏の『岩窟王』は、小学校の学級文庫にあったものを「図書室ができて学級文庫が廃止されるに際し、みんなで本を分けっこした」したことで手に入れたとされているが、恐らく昭和二〇年代の半ばに池内氏は小学校高学年を過ごされており、私はその頃にはすでに高等学校生であったから、高垣眸の『岩窟王』を読まず仕舞いであったのは年代の差からではあるまいか。

私が小学校に入ったのは、国民学校と名を変えた昭和一六年で、少年向けの本として読んだ記憶があるのは、南洋一郎の『吼える密林』、海野十三の『大空魔艦』、吉川英治の『神州天馬俠』などであって、小学校高学年になると少年ものは卒業して、中里介山の『大菩薩峠』、吉川英治でも『宮本武蔵』になり、岩田豊雄の『海軍』や火野葦平の『陸軍』になって、池内氏が本書であげられている「家なき子」や「ピノキオ」、「宝島」などの少年読み物の定番的なものを読む機会がなかった（戦時下でこのような西洋ものの出版はあまりなかったのかもしれない）。白状すれば、本書に掲げられた一九冊のほとんどすべてについて読んだことがなく、本好きな子供の読書経験としては、私には、この部分が欠落しているといえるのである。ということで、著者と同じく「二人の読み手」を通しては、本書の各冊について語る資格はないのであるが、よい年をした「一人の読み手」として、以下、思いつくままに述べてみたい。

『岩窟王』について著者は次のようにいう。

「学級文庫版で二〇〇頁足らず。岩波文庫の完訳版では七冊にわたって約二五〇〇頁。あらためて読み返してみて気がついた。どちらで読んでも、いぜんとしておもしろいのだ。それにしても不思議でならない。子供むけのダイジェスト版と長大な二五〇〇頁と——そのおもしろさが変わらないのはどうしてだろう?」。そして、著者はその面白さの秘密を見出す。「一四年に及んだ獄中の苦しみと劇的な脱獄。

モンテ・クリスト島における秘法の発見。変幻自在の謎の紳士、マルセイユに上陸。影のようにつき従う忠実なジャコボ。じりじりと復讐の手がのびて悪人どもの一人は破産、一人は発狂、もう一人は死へと追いつめられていく――もしおもしろい小説の理想というなら、まさしく『岩窟王』こそ、ことごとくその条件をそなえている。

とともに、なんとこれはデタラメな物語であることだろう。そのいい加減さ、冗長にして無理無体ぶりには、あきれかえるしかないのである。」と。

大衆小説でさえ、緻密な構成の下に書かれる現代とは異なって、いい加減さがあっても余り気にせずに、波乱万丈手に汗握る筋の展開であれば読者は満足したであろうし、作者の脱線で本筋とは関係のないことが長々と述べられていても、読者は作者の博識ぶりにただ感心したであろうおおらかな時代の作品ということで、これがデュマの原稿料稼ぎであったとしても、まあまあそうおっしゃいますなと言わせて頂こう。因みに『岩窟王』の元祖黒岩涙香の「モンテクリスト」への傾倒ぶりを紹介すれば、「日本に八犬伝の有る如く、支那に水滸伝の有る如く、仏国に誰れ一人知らぬは無き絶大の小説あり、明らかに指名する迄もなくアレキサンドル・ヂウマの『モント、クリスト』伝なり」（伊藤秀雄「黒岩涙香・探偵小説の元祖」（三一書房、一九八八年）から）というが如くである。

『源平盛衰記』。著者が少年時代に読まれた本はどれであろう。というのは、文中には明らかにされておらず、引用された挿絵からすると、白井喬二・編著『源平盛衰記』（宝文館、昭和五年）、と大田黒克彦・編著『世界名作全集』（講談社、昭和27年）とがあるからである。「ロビン・フッド」の章に、昭和二〇年代に少年時代を過した者には講談社版『世界名作全集』が宝の山だった、とあるから、多分後者であろう。

『源平盛衰記』は長編である。『平家物語』が一二巻ものであるのに対し、「盛衰記」は四八巻もあり、両者は重複するところも多いが、「盛衰記」はより詳細である。たとえば、池内氏が冒頭に書かれた「赤ばかまのかぶろ」については、「平家」では、「十四五六の童を三〇〇人すぐって、髪を童に切りまはし、赤き直垂をきせて召し仕はれけるが」とあるだけなのが、「盛衰記」では、「十四五若くは十六七ばかりなる、童部の髪を頸のまわりに切りつつ、三〇〇人召し仕はれけり。……一色に縫物の直垂を著るときは赤袴をきせ、梅の枝の三尺ばかりなるを手もと白くそろえて右手に持ち、鳥を一羽つつ鈴付の羽に赤符を付けて左の手にすえさせて」と、詳細であるばかりではなく、清盛入道好みに派手に描かれている。池内氏は、この童たちをユゴーの『レ・ミゼラブル』のなかの「パリの浮浪児たちを思わせる」と書いておられるが、この童たちは入道によって良家から選ばれて、制服・持ち物ともに統一され華やかに装われたたスパイ集団であって、パリの浮浪児やロンドンのベーカー街イレギュラーズを連想するのはいささか難しいのではなかろうか。ともあれ、著者は、「『源平盛衰記』は、源氏と平家の盛衰を語ってなどいないのである。そんなことは周知の事実であって、ことあらためて言うまでもない。これは大人の政治学と、少年の美学とが、まんじどもえに組み合った物語だ。」とされるのだが、このような見方は、少年年向けの「盛衰記」の読後感から出るものであろうか、それとも48巻もあって有朋堂文庫でも上下に分かれている、葉室時長作とされる原本の通読から出るものなのであろうか。

『覆面の騎士』。この書物も私は読んでいない。やはり「世界名作全集」の一冊のようで、池内氏によると「スコット作の『アイヴァンホー』がそんな題で訳されていた。」とある。私が読んだ『アイヴァンホー』は、菊池武一訳の岩波文庫である。

池内氏の本書でも、『アイヴァンホー』が世に出た時代について書かれており、狂王ジョージ三世にも触れられているが、池内氏が「世に出たのは一八一九年」とされているのに対し、菊池訳の解説では、『アイヴァンホー』が書かれたのは一八二〇年である、となっている。それはとにかく、スコットの小説では終わりの方で、魔法使いとして告発され火刑に処せられようとするレベッカを救うために、アイヴァンホーがボア・ギルベールと決闘する場面がある。映画ではアイヴァンホーに扮したロバート・テイラーが相手と長く戦った挙句勝ちをおさめるのだが、スコットの小説では負傷していたアイヴァンホーが勝利するという結末を導くためか、ボア・ギルベールは「敵の槍には突かれなくて、自分自身の戦闘意欲の激しさのあまりに一命を賭したのであった。」というあっけない幕切れになっている。エリック・ジェイガー『決闘裁判』（栗木さつき訳、早川書房、二〇〇七年）は、UCLAの教授である著者が文献を渉猟して、一四世紀にフランスで行われた最後の決闘裁判について、それに至るいきさつから決闘の詳細な次第までを描いたものである。「騎士道精神は、馬上槍試合ではまだ発揮されていたし、決闘裁判のまえに行われる儀式にも見られたが、実際に決闘が始まってしまえば、騎士道精神は消滅するのだった。」と書かれているように、命をかけたむちゃくちゃな戦いの後に、妻が強姦されたと告発した男が無実の罪を主張した男に勝利するのだが、この裁判の結末はその後数世紀にわたって物議をかもしたそうである。

（池内紀「少年探検隊」平凡社、一九九二年）

水　鏡

水鏡、大鏡、増鏡が一冊として収められている有明堂文庫昭和六年発行の古い書物である。古書店で買ったに違いないが、『月報』が残っていて、「中にも大鏡と増鏡の二鏡は、国文古典中最も輝かしい存在」とあるが、水鏡については、「文学としては大して価値あるものではありません。」と書かれてある。「緒言」によれば、水鏡は、中山忠親（建久六年・一一九五年薨）の著なりという、とある。書名の由来は、下巻末尾にあって、「是も若し大鏡に思ひよそへば、そのかたち正しく見えずとも、などか水鏡の程は侍らざらんとてなん」、水にものの映るくらいには、昔の面影の知れることもあろう、という意味からである。

わが国のこれら「鏡もの」は歴史書であるが、鏡と名のつく書物がドイツにある。「ザクセンの鏡」(Sachsenspiegel) という法典であって、その名の由来は、「婦人が鏡をみればその姿が見えると同様に本書によってザクセンの法律がわかるからである。」とされている。西洋にも、鏡と名づけられた歴史書があるのかは寡聞にして知らない。

本書は、文学的価値はないのかも知れず、歴史書としてもどれほど評価があるものかは、もとより浅学の徒、分明ではないが、正史に書かれていないところがあり、読んでいて面白いのである。

ところで、書物を読むということは、多くの場合、それまで知らなかったことを知るためと言ってよいであろう。どの書物にも著者が何を述べようとしたかの主題があり、読者はその主題に関して知識を得るために手にするのだが、はからずも、その書の題名からすれば、思いもかけなかったことを知るということもある。最近の経験としては、「末延芳晴『森鷗外と日清・日露戦争』(平凡社、二〇〇八年)」で、台湾征討の総司令官北白川宮が、幕末、奥羽越列藩同盟の盟主に奉られて、自ら「東武天皇」と称したことは、はじめて知ったのであった。

昭和一六年(一九四一年)、数え七歳にして国民学校一年生となった私は、神武、綏靖・安寧、と歴代の天皇の名を暗誦させられた。呪文のように唱えていたに過ぎず、いまではすっかり忘れてしまったが、皇位継承の順序が明確に定められたのは、いうまでもなく明治二二年の「皇室典範」によってである。皇室典範は現在でもあるが、これは戦後新憲法の下で法律として定められたものであって、天皇が「後嗣及子孫ヲシテ遵守スル所アラシム」ために定められた旧皇室典範とは性格を異にする。ただし、内容的には両者は殆ど変わっていない。「嫡ヲ先ニシ庶ヲ後ニス」という区別がなくなっているくらいであって、「皇統の男系の男子」が承継するとするところは変わっていないのである。したがって、推古、皇極(斉明)、持統、元明、元正、孝謙(称徳)の前例があるにもかかわらず、女帝は認められないことになる。なお、本書『水鏡』では、神功皇后が「次の御門神功皇后と申しき」として第一五代天皇に数えられているし、飯豊天皇を第二四代としているから、これを数えれば、八人の女帝がいたことになる。なぜ、皇室典範では女帝を認めないのであろうか。道鏡の例をもちだすまでもなく、女性は身近の男性のいうままになり易いからであろうか。男子にとっても傾国の美女という危険な存在は歴史が証明しているところではないか。まして、天皇は、「日本国の象徴であり日本国民統合の象徴」（日本国憲法第一条）であるにとどまるのだから、女子であってはならないという理由はないと思うのだが。本書と歴史年表との食い違いは、年表では、天智と天武の間に弘文が第三九代として入っているにもかかわらず、本書ではこの天皇の名はない。大友皇子の即位を認めるか否かの違いなのであろうか。また、本書で四八代廃帝とするのは、明治三年に淳仁天皇と名をおくられた天皇である。

話は跳ぶが、奈良に行く機会があって、薬師寺を訪ねた。本書にも、第四一代天武天皇の項に、「九年と申しし一一月に、后宮御病によりて薬師寺を建てさせ給ひしなり」とある。天武九年は西暦六八〇年、后とは後の持統天皇である。玄奘三蔵院右手の薄墨桜が満開であった。玄奘三蔵院伽藍には、「大唐西域壁画殿」の扁額が掲げられていて、平山郁夫の大壁画が飾られてある。金堂の薬師三尊、東院堂の観音像、いずれも国宝を拝して帰る。これら諸堂、回廊、西塔（東塔は白鳳時代）など現代の再建築で彩色鮮やかであるが、不思議に違和感がなく、静謐なたたずまいであった。

奈良の街で、「崇道天皇社」を見かける。崇道天皇とは、早良親王の追尊である。光仁から桓武にかけてすなわち七八〇年の前後にかけてが、井上皇后や早良親王の時代である。井上皇后は、聖武天皇の第一皇女である。永く伊勢神宮の斉王であったが、中年になって白壁王と結婚する。白壁王は後に即位して光仁天皇となり井上も皇后となるが、二年と続かずに廃后となり（七七二年）、その子で皇太子に立てられていた他戸親王も廃太子となる。光仁はまだ皇位にあるのに藤原百川によって廃されるのである。

本書では、「百川いわく、母罪あり子おごれり、実にはなち追はんに足れることなり。」と。二人の追放は光仁天皇の意思ではなかった。百川は、追放のために偽の宣命を作ったのである。光仁はなんとか止めようとするがどうにもならない。「この御門の位に即き給ふことは、偏に百川のはからい給へりしなり」で、負い目があったからである。井上は廃后となって押し込められたまま一年半後に亡くなるのである。皇位は、他戸のあと皇太子となった山部が継ぎ、桓武天皇となる。桓武は光仁の長男であるが、皇太子早良は光仁の弟で桓武とは叔父甥の関係になる。桓武を倒して早良を天皇にしようとする動きがあったが、藤原種継暗殺事件を契機として、早良は幽閉され、自ら食を絶って淡路島に流される途次死ぬのである。皇太子には桓武の子安殿が立てられ後に平城天皇となる。かくして、恨みを抱いて死んだ井上・早良はさまざまな祟りをもたらす。たまらずに皇室は、井上を皇后位に復し、早良には崇道天皇と追尊することで鎮魂をはかるのである。なお、「大森亮尚「日本の怨霊」(平凡社)」では、桓武は光仁の長男であるが、母は百済からの渡来人の血をひく高野新笠で卑しい身分の出自であったとし、ここに皇室に半島出身者の血が混じることとなったとしている。

皇室の血統の話がでたが、私は、皇室を「萬世一系」と習い、神武以来は神話の世界としても、魏志倭人伝に「讃」と記されている履中天皇あたりから連綿として傍系であるかはともかく、すくなくとも同一の始祖に遡れる家系として考えていた。しかし、本稿において、私が「年表」と書いているのは、阿部正編「日本史年表・年号ハンドブック」(同成社)という極く簡単なものなのだが、これには、天皇としては「継体」(五〇七年)からしか記載がないのである。ということは、継体より前の天皇は、現在の日本史学のなかでは、日本国の天皇としては認められていないということなのであろうか。「岡田英弘『日本史の誕生』（ちくま文庫）」には、「倭から日本へ」という項があって、仁徳を初代とする清寧まで七代を河内王朝としておよそ倭の時代とし、日本という国名の誕生は、継体を始祖とする越前王朝の第一二代天智天皇が『近江律令』において、「明神御宇日本天皇」と記したことに始まるとされている。岡田氏のこの書では、河内王朝（王朝という語を用いたが、王権とすべきだという説もあるらしい。）と越前王朝との間に、賢宗、仁賢、武烈三代の播磨王朝が置かれているし、「水谷千秋『謎の大王継体天皇』（文春新書）」では、崇神から仲哀までの五代を三輪王朝としている。

　現天皇家の始祖とされる継体天皇も不思議な天皇である。武烈が跡継ぎを残さず死んだ後、前記水谷氏の著作では、「畿内を遠く離れた近江・越前を拠点とし、『応神天皇五世の孫』と称する人物が即位した。継体天皇である。」とされ、その即位の事情が説かれている。

　日本及び日本人の起源あるいは天皇家の始祖についても、まだまだ解明されざることが多いのであろう。

（「水鏡」有明堂文庫、昭和六年）

平家物語――思いつくままに

平家物語には、異本が多くあるようだが、通常は巻一から巻一二までのようである。有朋堂文庫では、この他に、冒頭に「剣巻」、末尾に「灌頂巻」が付されている。高校で習ったのは、巻七の「忠度都落」であったが、私がことのほかに哀れを覚えるのは、巻九の「小宰相」である。

小宰相は、越前の三位通盛の北の方で、「頭刑部卿範方の女、禁中一の美人」である。一門が西に落ち、小宰相もすでに舟に乗っていたが、夫の死を聞いて、ひそかに夜半そのあとを追う。このところは、次のように書かれている。

「北の方やはら舷へ起出給ひて、漫々たる海上なれば、何地を西とも知らねども、月の入るさの山の端を、其方の空と覚しけん、しずかに念仏し給へば、沖の白州に鳴く千鳥、天の戸渡る梶の音、折から哀れや勝りけん……あかで別れし妹背のなからひ、必一蓮にと、泣々遥かに掻口説き、南無と唱る声共に、海にぞ沈給ひける」。小宰相は、気がついた人々によって船に引き上げられるが、すでに果かなく、女房たちは、「浮きもや上がり給ふと、故三位殿の着背長の一領残りたるを引纏奉り、終に海にぞ沈めける」。

小宰相は、亡き人となった夫の鎧を着せてもらうために、ひとたびは浮き上がったように思えてならない。

この小宰相の段を琵琶で語るときは、怪いたることがあると『宿直草』に出ている（『宿直草』は、高田衛 編・校注「江戸怪談集」（岩波文庫）で読むことができる。）。それによれば、「平家」を伝授したある師匠がいったこととして、「第九の巻を習ふとき、この『小宰相の局』を一句語りて、耳を失ひし人あり。構へて語るとも心せよ」といわれた。話を聞いてみるとこうである。ある座頭が、やんごとなき上臈に招かれて、乞われるままに「小宰相」を繰り返し語るのだが、「そのようなところで、お前はなぜ平家を語っているのか」ととがめる声にふと吾に返ると、「上臈の御座に居ますと思ふに、さはなくて、石塔手に当たれり。侍女など有ると探れば苔深き卒塔婆なり」という有様である。夜が明けて話を聞いた長老は、幾夜も呼びにくるであろう、音をたてるな、返事をするなと諭し、座頭の全身に経文を書いてくれるが、左の耳だけ書き落としてしまう。やがて次の夜、はたして迎えがくるが、「不思議や座頭のおはしまさぬ」と探しまわり、文字を書かなかった左の耳を探りあてるや、ここに座頭の耳ありと「かなぐりて行く」、というのである。

この話が、小泉八雲の「耳なし芳一」の粉本になっていることはいうまでもないであろう。

厳島神社に参詣したおりに、清盛が奉納した写経をみたことがある。「平家」では、清盛は傲岸不遜な人物に描かれているが、写経の筆跡からは、むしろ繊細で優雅な人柄に思えたのである。「平家」での彼の我儘振りを示すひとこまに、「妓王」がある。おりから京に、妓王、妓女という姉妹の白拍子の上手がいた。清盛は姉の妓王を寵愛したので、あやかろうと妓一、妓二、あるいは妓福、妓徳などと名をつける白拍子が出る始末である。ここに、佛御前という名の白拍子がいて、今をときめく清盛入道に召されないのは本意なきこと、遊び者のならい、何で遠慮することがあろうかと西八条殿に押しかけて行くのである。これを聞いた清盛は烈火のごとく怒って、「何条左様の遊者は、人の召にてこそ参るものなれ。さうなう推参する様やある。其上神ともいへ、佛ともいへ、妓王が有んずる所へは叶ふまじきぞ」と追い返そうとするのだが、妓王のとりなしで対面してみることとなった。佛御前が清盛の前で「君を始めて見る時は、千代も経ぬべし姫小松、御前の池なる亀岡に、鶴こそむれゐて遊ぶめれ」と今様を歌い舞ったところ、清盛はすっかり気に入って佛御前に心を移すようになり、妓王は暇をとらせられてしまうのである。その折に妓王が歌った今様が、「佛も昔は凡夫なり、我も終には佛なり、いずれも佛性具せる身を、隔つることこそ悲しけれ」である。妓王は、嵯峨の奥なる山里に、柴の庵をひき結んで住んでいたところ、ある日、佛御前が尋ねてくる。驚いて尋ねる妓王に佛御前は次のようにいうのである。わたくしは、推参者で当然対面がかなわぬところ、あなたが仰ってくださったからこそ清盛さまに会うことができました。そのあなたが清盛さまのもとを追われ、また、あなたがそのおりに障子に書き残した、「萌え出も枯るるも同じ野辺の草何れか秋にあはで果つべき」という歌を見るにつけても、いつかわが身もこうなろうかと思っていました。このうえは、どうぞここにおいていただき、ご一緒に念仏して一つ蓮の身となるのが願いでございます。

かくて、妓王、妓女、その母、佛御前とは、一つ庵に共に住んで、「朝夕仏前に向ひ、花香をそなへて、他念なく願ひけるが、遅速こそ有けれ、皆往生の素懐を遂げけるとぞ聞こえし」。この四人の名は、後白河法皇の長講堂の過去帳にとどめられているということである。

次に、「葵前」と「小督」とを引いてみよう。

高倉天皇は、葵前という女性を寵愛されていた。この方は、「中宮の御方に候はれける女房の召使はれる女童」であったが、主上の御志が余りに深いので、いずれは葵前が中宮になるかとの噂が流れたので、主上はやむなく暇を出されたが、その折に、「忍れど色に出にけり我が恋は　ものや思うと人の問ふまで」と詠まれたとのことが「葵前」にある。しかし、この歌は「百人一首一夕話」では，平兼盛の歌とされており、有朋堂文庫の頭注でも、「拾遺集恋の部に出づ平兼盛の歌也」とある。主上が詠まれたが、御製としてではなく、そのときのお気持ちをあらわすものとして詠じられたようである。

葵前は里に帰られて、打ち臥すこと五六日にして亡くなられた。「恋慕の御涙に思召し沈ませ給ひたる」主上を慰め参らせんと、小督殿という女房がすすめられた。この方は、「桜町中納言重教卿の御娘、禁中一の美人、双なき琴の上手」である。娘である中宮が主上の寵を失うことを懼れた清盛は、「小督殿を召出て失はん」といったので、それを聞いた小督は、主上に厄が及んではならないと、ある夜内裏を紛れ出て行くえ知れずになってしまうのである。悲しんだ主上は、弾正大弼仲国を召して、小督の行方を探すよう命じられる。あてもなく探す仲国は途方に暮れるが、亀山のあたり近く松の一村ある方に幽かに琴の音が洩れてくる。「峯の嵐か松風か、尋ぬる人の琴の音か、無覚束は思へども、駒を早めて行くほどに、片折戸したる内に、琴をぞ弾澄まされたる」。このところは、そっくり黒田節に取り入れられているが、このとき小督が弾いていたのが「想夫恋」という曲であったかどうかは知らない。

上つ方の人を恋うる話であったのに、下世話に流れたようである。終わりに、多分一般に流布している「平家」には載っていない「剣巻」を瞥見してみよう。

剣巻は、清和源氏の祖、多田満仲にはじまる。余談であるが、我が家はこの満仲の流れを汲むらしいが、全く当てにならない。たしかに家紋は笹竜胆だが、すくなくとも私の三代前から僧侶であって、俗を棄てているから苗字もなく、家系図もない。もっとも、家系図があったとしてもそのようなものには信憑性はなく、西洋では家系を捏造する商売があるやに聞いている。閑話休題。多田満仲は、鬚切、膝丸という二本の名剣を手に入れる。満仲の子が大江山の鬼退治で有名な源頼光だが瀬光には四天王と呼ばれた家来がいて、その一人、美田源次、すなわち渡辺綱が、頼光の命によって遣いに出されることになった。夜陰におよぶので、鬚切を佩かせ、馬に乗せて遣わしたところ、帰途、堀川の戻橋において、鬼の変じた美女に逢う。そのありさまは、「齢二〇余りと見えたる女の、膚は雪の如く」紅梅のうちかけを着た艶やかな姿である。綱は、請われるままに馬に乗せて歩くのだが、女は突如鬼に変じて、綱の髻を掴んで宙に引っ提げ、「いざ、我が行く処は愛宕山ぞ」と乾の方に飛び去ろうとする。このとき綱はすこしもさわがず、鬚切を抜いて鬼の腕を切り落とし、腕を家にもって帰るのだが、安部清明に七日間の物忌みを勧められる。それが、あと一日となった夜、綱の養母にあたる渡辺在の叔母が尋ねてきて、やむなく家に招じたところ、是非鬼の腕が見たいというのである。実は、この叔母は鬼が化けていたもので、腕を取り返しに来たのであった。この辺りは有名な話だから書き継ぐまい。鬼が破風を蹴破って逃げたので、以後は渡辺党の家は破風を設けなくなったというおちまでついている。

さて、この鬼の素性は次のようなものであった。嵯峨天皇の御世に、ある公卿の娘が、妬ましいと思う女を取り殺そうと鬼になることを貴船明神に願ったところ、明神は哀れと思われたのか、鬼になりたければ、髪を五つに分けて角に造り、顔に朱をさし、身に丹を塗って、頭に金輪をいただき、その三つの脚に松明を燃やし、一本の松明は口に咥えて両端に火をつけて、宇治の川瀬に三七日浸れと教えられた。かくて女は生きながら鬼になって、宇治の橋姫とよばれた。綱が逢ったのはこの鬼である。

剣巻にはこのような話が載っている。これが、祇園精舎ではじまる「平家」とどう係わりがあるのかは、不可解である。

（「平家物語」有明堂文庫、昭和六年）

保元物語――鬼頭姓の由来について

この有朋堂文庫には、保元物語の他に、平治物語と北条九代記が収められている。緒言によれば、保元物語と平治物語を戦記物語とよび、「古武士の意気精神を発揮せる一種の野乗にして、中古文学の精華として永く我が文学史上に特殊の地位を占めむべきものたり。」といい、「人或は推して戦記中の白眉をなせり。」という。

さて、保元物語は、源為朝の活躍伝ともいうべきもので、為朝の死とともに物語も終わるのだが、物語の末尾では、為朝について次のように纏めてある。

「この為朝は一三にて筑紫へ下り、九国を三年に伐従へ、六年治て一〇歳にて都へ上り、保元の合戦に名を顕し、二九歳にて鬼が島へ渡り、鬼神を奴とし、一国の者懼怖ると雖も、勅勘の身なれば終に本意を遂げず、三三にして名を一天に広めけり、古より今に至るまで、この為朝程の血気の勇者なしとぞ人申しける。」。

私の家内の旧姓は鬼頭である。この姓は名古屋近郊では多いようだが、他所では余り聞かないのではなかろうか。東京育ちの私には、小、中、高を通じて同級生に鬼頭姓は全くいなかったので、家内と縁ができたときに、珍しい姓だとの印象を受けたのである。家内と一緒になってすでに四〇年にもなるが、雑文の中に、「この変わった姓が何に由来するものか。」と書いたところ、それを読んだ名古屋在住の家内の兄が調べて送ってくれたのが、以下に紹介する文書である。

「江戸時代後期に尾張の碩学である桑山好之が著した『金鱗九十九の塵』の巻六八に次の記載がある。鎮西八郎為朝自殺のとき、妾すでに懐妊して八月に及べり。彼妾其難を遁れ、上方に趣んと欲する道すがら、尾張国古渡の地に止まり、ここにて一男子を産めり、是即尾藤次郎義次と号せり。強剛にして無法の人なり。百姓等是を嘆きて、皇都に奏聞す。帝謀を廻らし給ひ、義次を内裏に召されて、紀州焼山に悪鬼あり、それを退治せよと勅有て、その鬼のために義次を失はんとの事なりしが、義次はそれを不知、誠に討手と思ひ勢力はげみ安々と鬼を亡し、その鬼の頭を取って、都に是を常に奉る。夫より義次に鬼頭の姓をぞ賜はりけるとなり。」

なお、この文書には、「別記に、義次の鬼退治は八三代土御門院の時代（一一九八から一二一〇）であったとしている」、との付言があり、為朝や義次の子孫であることを家門の誇りとする鬼頭氏が、尾張に新田を開発したことや、鬼頭氏が拠点としたり拓いたりした土地の少なくない部分に「鬼が島」とか「為朝」の字名が残っていることも書かれている。因みに、この文書は、春日井市で編集した「郷土誌かすがい」第五八号に掲載されたものである。

さて、これによれば、尾張の鬼頭氏は源為朝の子孫であり、鬼頭姓は朝廷から賜ったものということになるが、以下、私なりに補足しよう。

まず、『保元物語』では、為朝の最後について、「落行く者に各形見を与え、島の冠者為頼とて、九歳になりけるを喚寄せて刺殺す。是を見て五つになる男子、二つになる女子をば、母抱きて失せにければ力なし、さりながら矢一つ射てこそ腹をも切らめとて立向ひ給ふが」とあるので、為朝の血統は絶えたはずである。前掲の文書によれば、このほかに懐妊中の妾がいてそれが遁れたことになるが、この点は、そもそもが保元物語は、「精確なる史実は之を求めうべからず」とされているのだから（本書「緒言」）、あえてあげつらうほどのことではないであろう。

次に、別記では、義次の鬼退治は、土御門天皇の時代であったとする。土御門が帝位にあったのは、前掲文書通り、一一九八年から一二一〇年までである。保元の乱は、一一五六年の保元元年、為朝が鬼が島に渡ったのが保元物語によれば、永万元年（一一六五年）、同じく保元物語によれば、このとき為朝二九歳であるから、三三歳の没年は一一六九年の嘉応元年になるが、日本史年表によれば、一一七〇年（嘉応二年）源為朝伊豆大島にて自害とある。この年島を逃れた懐妊中の母親によって産まれた義次は、したがって、一一七〇年か一一七一年の生まれということになるから、鬼退治は、義次の二七・八歳から四〇歳ころまでのことであったことになる。年齢からいえばまさに壮年の頃であるから、そのようなこともあったであろうと推測できる。

問題は、この鬼頭氏と家内の実家の鬼頭氏とがどのように繋がるのかだが、この辺は今のところ分明ではない。しかし、同姓ということは、おそらくその一族と見てよいのではあるまいか。

家内と婚約した頃、姉に宛てた手紙に、「先祖が鬼の首でも取ったのか鬼頭という苗字です。」と書いたことがあるが、はからずも四〇年以上も経て、それが実証されたことになる。

ここに、鬼というのは、頭に角を生やし虎の皮の褌をした地獄の獄卒のことではない。中国の鬼（き）は古代から死者の霊のことであったが、ここでは、「国土統一の為のまつろわぬ輩、『山に邪神姦しき鬼』と呼ばれた土蜘蛛系の鬼」（知切光歳「鬼の研究」大陸書房・昭和五三年、四三〇頁）のことである。念のために、広辞苑の「鬼」を引いてみたが、このような字義は載っていなかった。

鬼の語源は、「陰（おに）」で、姿ぷ見えない意であることによるとされているようだから、形ある人間を指して鬼というのは、異種族の人を鬼と呼んだ（広辞苑）ことによるものであろう。義次に退治された鬼が、紀伊に住む朝廷にまつろわぬ人々であり、異種族とされる土蜘蛛系の人々であったとすれば、土蜘蛛とは、「神話伝説で、大和朝廷に服従しなかったという辺境の民の蔑称」（広辞苑）とはあるものの、中世にも土蜘蛛と呼ばれる人々はいたのであるから、具体的にはどこに住みどのような生活を送っていた人々なのであろうか。東夷といい、南蛮といい、土蜘蛛といい、そもそもが、辺境という言葉すら唯我独尊的な言葉といえるであろう。

（「保元物語」有明堂文庫、昭和六年）

アナトール・フランス「エピクロスの園」

本書「解説」によれば、「アナトール・フランスは大正時代から昭和時代の前半にかけて広く読まれ、多くの文壇人があるいは邦訳や英訳を通じ、あるいは直接原典によって、多大の影響を受けた。その主なものは、芥川龍之介、宇野浩二、佐藤春夫、大佛次郎、小島政次郎、等々である。」とされている。今日のわが国の読者に、フランスはどれだけ読まれているのであろうか。新刊本の書店の店頭で、彼の書籍を見かけることは殆どないようである。知る人には余計なことであるが、アナトール・フランスは、アカデミーの会員であり、ノーベル文学賞の受賞者であり、死においては、フランスは国葬をもってその業績に報いたのであった。

『エピクロスの園』（一八九五年。原題はLe Jardin D'Epicureで、「エピキュールの園」と訳されることが多い。）は、「『ジェロム・コワニャール氏の意見』（一八九三年）とともに、アナトール・フランスの哲学、世界観、ないし人生観が最も端的に語られている作品である。」（本書解説）とされるとともに、冒頭の「訳者例言」では、「これは今世紀の初頭に一世を風靡し、わが国の文学にも絶大な影響を与え、今日新たに再評価されつつあるアナトール・フランスの古典随想集」とも述べられている。氏が断られているように、「断章」の小見出しは原本にはないが、氏が「われわれはあまりにも本の中に生きている」という小見出しを付けられた一節を以下に掲げる。

「わたくしは世の賢者たちよりも賢い九歳の小娘を知っている。この小娘はさきほどわたくしに言ったものである。

『本の中では現実に見ることができないことが見られるわ。現実では見ることができないというのは、それはあまりに遠いことだし、でなければ過ぎ去ったことだからよ。でも本のなかで見られることは、よくわからないし、わかったにしても悲しいことだわ。だから小さな子供たちは本を読んではいけないと思うの。だって見るだけの価値があるものなのに、子供たちが見たことのないものがたくさんあるのだもの。——湖だとか、山だとか、川だとか、町だとか、田舎だとか、海だとか、船だとか、空だとか、星だとかが！』

わたくしもこの小娘の意見に全く賛成である。われわれは束の間しか生きないものを、なぜあんなにも多くの荷物を背負うのか。人間は決して何ひとつ知ることはできないだろうと知っていながら、われわれはなぜあれほど学ぼうとするのか？われわれはあまりにも本の中に生きていて、自然の中には充分に生きていない。われわれは小プリニウスが伝えているあの馬鹿者に似ている。眼の前でヴェズヴィオ山が噴火して五つもの都市を灰の下に呑みこんでいるのに、あるギリシャの雄弁家の著書を研究していたというあの馬鹿者に。」。

いうまでもないことだが、フランスが、だから本のなかに生きてこなかったというのではない。彼は、本屋の息子で幼くして書物に親しみ、書斎の人と呼ばれ、「私が人生を知ったのは、人と接触した結果ではない。本と接触した結果である。」という言葉を残しており、まさに、本のなかに生きた人であったと思われる。

「万巻の書を読破した人」という言葉があって、知識人の代名詞のように思っていたから、若いころの自分も生涯に万巻の書を読みたいものと夢想したものであった。数だけはどうやらそれに近づいたであろうか。しかし、読書は数なのか質なのか。良質の読書とはいかなることを意味するのであろうか。そもそも人はなぜ本を読むのであろうか。多くの書を読み思索しても、頭の中にあるだけでは意味がないとすれば、それを文字として残さなければならないが、その思索の結果に他人が価値を認めてくれなければ読書をした意味が無いことになるのか。ただ一人でも共感してくれる人があれば、もって冥すべきなのであろうか。

世の中には後世にまで残る優れた仕事をした人は多くいる。ここに採り上げたアナトール・フランスにしても、フランス語を解する人達のみならず、翻訳を通じても多くの影響を与えている。しかし、彼にしても、その脳中にあったことのすべてを書き残したわけではあるまい。してみれば、人の思索の結晶は、とくに、なにものにも形に残さなかった人々にとっては、その人の死とともに消滅するといわざるをえない。無駄といえなくもないのに、人はなぜ考えるのであろうか。「われ思う、ゆえに我在り」を持ち出すまでもなく、私は、物質的には存在しているが、形而上的には考えることによって自己という存在が認識できるのだが、なぜ考えるのか。認知症などになって考えなくなってしまった人はもはや人ではないのか。実は、認知症の人の思考能力は不明なのではないか。言葉を忘れるから考えないように見えるだけではないのか。認知できないということと考えることができないということとは直結するのであろうか。犬や猫は言葉をもたないと思われているが、どのような方法によってかは不明だが、観察しているとかなり考えて行動していることが見てとれる。言語と思考との関係は、私などにはよくわからない。

先に「数だけは近づいたか」と書いたが、顧みるとこれまで読んだ書物の内容は殆ど忘れている。内容どころではない、書物の題名すら忘れているものが多い。いったい何のための読書であったのであろうか。ただ、読んでいる間は、多くの場合楽しかった（中には読むのが苦痛であった本もある）。要するに楽しみのための読書であって、私にとっては、美術品や映画をただたんに鑑賞する（実は、眺めているに過ぎない）のと同列の次元にある。フランスのように「本に触れることによって、人生を知った」といえるほどのこともなく、無意味な読書といえるが、それもまたよいではないか。すくなくとも、歓びとまではいえなくても、楽しいと感じ、無駄な時間を費やしたと後悔することがなければ。また或問する。有意義な時間と無意義な時間とはなにをもって区別されるのであろうか。本人の主観の問題であろう。

終わりに、大塚氏の「解説」のなかから、芥川とフランスのかかわりに関する一文を引用しよう。

「『彼は薔薇の葉の匂のする懐疑主義を枕にしながら、アナトール・フランスの本を読んでゐた。が、いつかその枕の中にも半身半馬神のゐることには気づかなかった』（「或る阿呆の一生」、〈一六『枕』〉）。

半身半馬神とは、いうまでもなくギリシア神話のケンタウロイのことである。これらの神々は、ギリシア人にとっては原始生活と獣性——すなわち逞しい生活力——の象徴であった。芥川は、懐疑主義者と称せられたアナトール・フランスも、実は同時に逞しい生活者であったことに、自分は気づかなかったというのである。」。

この「逞しい生活者」というのはなにを指すのであろうか。恐らくは、それまでディレッタントと思われていたフランスが、「ドレフュス事件」において、敢然とその無罪を主張する論陣を張ったこと、広く言えば、書斎の人と思われていたフランスが、社会参加（アンガジュマン）の人であったことを意味するのであろう。大塚氏は、芥川がフランスのこのような一面に気づいたのは、「今にして――その晩年に及んで気づいたわけで、しかしその時はもはや後の祭りだったのであろう。」と書かれているが、芥川はもっと早くから気づいていたのではないか。しかし自分にはこのような生き方はできなかったということを、死ぬ直前の「或る阿呆の一生」で告白したのではなかろうか。

さて、とるに足りない私も、これまでにどれだけのengagementをしたのであろうか。もっとも、私の専門領域では、アンガジュマンとは、約束とか債務を負担する意思などを意味するのだが。

（大塚幸男訳　アナトール・フランス「エピクロスの園」岩波文庫、一九七四年）

「プリニウスの博物誌」Ⅰ～Ⅲ

本書は、中野定雄・中野里美・中野美代、訳となっているが、「あとがき」によれば、定雄氏が訳されたものを基にして、長男里美氏と長女美代氏が訳稿の点検、表現の手直しなどをされて出版されたものである。父親の原稿を子供たちが完成したという羨ましい仕事である。一九八六年に初版、私の手元にあるものは二〇〇一年の六版であるから、すでにかなり版を重ねているといえる。因みに、原本は英訳本であるロエブの版である。

ところで、澁澤龍彦氏は、その著『私のプリニウス』(青土社、一九八六年)の「あとがき」において、「プリニウスとの付き合いは長い。これまでにも多くの著書のなかで、好んでプリニウスの片言隻句を引用してきたおぼえがあるし、数年前に書いた『唐草物語』のなかの一編「火山に死す」は、紀元七九年八月二四日、時ならぬウェスウィウス山の大爆発とともに死んだプリニウスを主人公とした短篇小説である。」と書かれている。ここに、氏が付き合いが長いとされたプリニウスとは、プリニウス・セクンドゥスの著した『博物誌』のことで、「底本として用いたのは、ラテン語の原文と対訳になっているフランス語版と英語版である。すなわち、仏語版はベル・レットル、英語版はロエブの古典叢書。おそらくプリニウスを読むひとがだれでも用いるであろうというところの、もっともポピュラーな刊本だと称してよいであろう。」とされている。本書がロエブ版を底本としていることは先に述べた。

本書Ⅲ末尾の「プリニウスについて」によれば、プリニウスの生涯についてわかっていることは僅かとのことだが、死のまえの彼は、ナポリ湾のローマ艦隊の隊長であった。ウスウィウスの大噴火に際して、持ち前の科学的探究心と住人の救助のため、艦隊を出動させスタビアエに上陸し、その地にて火山活動に巻き込まれて死んだのである。渋澤氏の『火山に死す』（トーマスマンの『ヴェニスに死す』を思い起こさせる題名である。）は、この間の消息を小説にしたものだが、「死体は翌日、つまり八月二六日の朝に見つかったが、小プリニウスの報告によると、『どこにも損傷がなく、その外観は死者というよりも眠れるひとのごとくであった』という。」で結ばれている。

さて、例によって『博物誌』をタネにして雑文をものしようと思ったのだが、澁澤氏の『私のプリニウス』を再読してみると、『博物誌』のなかの面白そうなところは殆ど渋澤氏が引用しておられ、加えてアリストテラスやヘロドトスまで渉猟されて、それを達意の文章でまとめておられるのだから、私のようなものがさらに割り込む余地などがあろうはずがないことにハタと気づいたのである。まあ仕方が無い、乗りかかった舟という諺もあるではないか、私なりに続けてみよう。

『博物誌』の第二巻は〈宇宙・気象・地球〉についてである。その〔四七〕から引用する。「太陽はそれを横切る月の通過によって隠され、月は地球の遮断によって隠される。そしてこの両者は互いに仕返しをする。同じ太陽の光線が月の割り込みによって地球から、そして地球の割り込みによって月から奪われる。」。

これを見ると、月蝕と日蝕とについて極めて正確に理解されていたことがわかる。ただ、このように互いに相手を隠すことによって蝕が生じるとしても、太陽・地球・月がそれぞれ円盤であった場合にも起こりうることだから、プリニウスが、地球を平板な円形のものと見ていたか現在認識されているように球とみていたかは別の問題である。二巻〔一七七〕によれば、地球が球形であることが明瞭に述べられているし、〔二六一〕では、「理論的には地球の表面にくまなく人類が住んでおり、互いに足を向け合っている。そして空の天辺は彼らすべての者にとって同じであり、彼らが踏んでいる土地はいずれの方向からも中心にあるわけだ。」と書かれている。ここまでは現在の認識と変わらない。が、「ところが一般の人々は問う。どうして反対側の人々は落ちないのかと。」という疑問に関しては、プリニウスの説明は曖昧である。すべての物には地球の中心に向けて引っ張られる力が働いていて、それが重さとして現われているなどということは、まだ知られていなかったのだから無理もないが、このようにプリニウスの時代においてすでに地球が球形であることが認識されていたにもかかわらず、その知識が失われ、中世においては地球は平面であって限りがあり、それを越えて航海すれば落ちでしまうと考えられていたところ、球形であることが再認識されて、西へ西へと航海して行けばまた出発したところに戻ってくるとばかりに大航海時代が幕を開けたのであるから、人間の知識というものは必ずしも後世にすべてが伝えられるものではないことは歴史が証明している。してみれば、ピラミッドは現代の技術をもってしても作れないそうだから、あるいは当時とてつもなく発達した科学的知識があったにもかかわらず、ギリシャ・ローマの西洋文明の幕開けのころにはこれが失われてしまっていたということも考えられなくもないのである。

こんなことをいうと、デニケンあたりが主張するように、古代において宇宙人が地球に飛来し、原始的人類の知能を高めるとともにさまざまな科学的知識を教えたという立場に同調するようだが、無知蒙昧な私といえどもそこまで考えるものではない。ただ、この地球という惑星のうえには不思議なことが数多くあるものだとは思わざるをえないのである。民間療法とか本草学などというものは、洋の東西を問わずどんな民族にもあることだが、『博物誌』第二二巻あたりは草木から得られる薬剤に、第二八巻あたりは動物から得られる薬剤にあてられている。なかには、癲癇には、熊の睾丸をたべるか猪の睾丸を馬の乳に入れて飲むとよい、あるいは狂犬病の治療には、キュノドロンというバラの一種の根が効くなど、眉唾物としか思えないようなことが列挙されている。しかし、それはそれでよいではないか。鰯の頭も信心からで、効くとおもって試してみれば案外に効くかもしれないのである。困るのは、プリニウスが挙げている薬効のある原料がとても手に入れられそうもないものが多いことである。

澁澤氏の『私のプリニウス』にはつぎのような記述がある。「じつをいうと、プリニウスのこの部分の記述は、ほとんどそっくりそのままヘロドトスの『歴史』第二巻第六八章の敷き写しなのである。ヘロドトスの記述にないのは、最後のマングースに関する奇想天外なエピソードぐらいなものである。動物学的に正しいとか正しくないとか、そんな段階の話ではない。結局のところ、ここでもプリニウスは先人の説を無批判にアレンジして、ちょっぴり自分の創作をつけ加え、自分なりに編集し直したにすぎないもののようである。独自の科学的な観察眼と私は書いたが、どうやらそんなものは薬にしたくも『博物誌』のなかにはないと思ったほうがよさそうだ。あきれてしまうくらい、プリニウスは独創的たらんとする近代の通弊から免れているのであった。」。氏が「この部分の記述」とされたのは、第八巻〈陸棲動物の性質〉〈八九〉以下のナイル河に棲息するワニの話であって、「マングースに関する奇想天外なエピソード」というのは、ワニが気持ちよさそうに口を開けて眠っているすきに、これを見守っていたマングースが「投槍のようにぱっくり開いている喉から飛び込んで胃腑を噛み裂くのだ」という記述である。

たしかに、プリニウスの『博物誌』の記述にはあちこちからの引用が多いが、本書Ⅰは、Ⅱ以降原著の第37巻にいたるまでの各巻の内容を示すとともに、各巻毎に彼が参照した著者の彪大なリストが付いている。いかなる著者のいかなる著書に拠ったかは記してなく、ただ著作者名が羅列してあるだけなのだが、「独創的」見解を述べたものとは言い得ないにしても、すべて剽窃であるとの誹りは免れているといえよう。内容に「奇想天外」というよりも「荒唐無稽」のところがあることは、今日とは異なって、不思議なことが満ち溢れていた世界に住んでいた当時の人とすればやむおえないことであって、中国の古い小説〈現代の意味ではなく、小さな説、取るに足りないことを叙述してあるという意味での〉を見ても「荒唐無稽」なことが溢れている。われわれは、プリニウスが時の皇帝に仕え今でいう官吏として多忙な身でありながら、すべてのことに好奇心を失わず、このような著作を残して、結果として、当時の人々が万物についてどのように観察しいたのかを千年後の我々に示してくれていることに感謝すべきであろう。

〈中野定男・中野里美・中野美代訳「プリニウスの博物誌」Ⅰ～Ⅲ 雄山閣、一九八六年〉

クリフォード・アーヴィングから思いつくことなど

名古屋までの車中の時間潰しに、書棚のなかから既読の文庫本を適当に抜き出して持って行った。マイケル・ドロズニン『聖書の暗号』(木原武一・訳　新潮文庫、平成一四年)である。「ラビン暗殺のほかにも現代の出来事が記されている。サダトとケネディの暗殺をはじめ、世界をゆるがした多くの出来事が聖書のなかに暗号化されているのである――第二次世界戦争からウォターゲート事件、ホロコースト(ユダヤ人大虐殺)からヒロシマ、人間の月面着陸から彗星の木星への衝突まであらゆることが。」それは、聖書のある頁の文字を、縦に横にあるいは斜めに、続けてあるいは何字おきかに拾ってゆくと、先に掲げた出来事が予言されているのが読み取れるという主張である。

ヘブライ語の聖書にして可能であって、英語等に翻訳されたものでは、このようなことはなしえない。ニュートンもこの暗号解読のために半生を費やしたが、コンピューターの出現をまってはじめて可能となったそうである。著者はこれを神の予言であるとするのだが、信じない者にとっては、この書はトンデモ本の一種ということになる。

いまここに、この書の内容について言及する気はない。私の気を惹いたのは、著者自身が、この暗号を捏造されたものではないかと自問する一文である。「これは捏造されたものではなかろうか?新たなる啓示といったものではなく、ヒトラーの日記やクリフオード・アーヴィングの宇宙版のようなものではかなろうか。」と。もちろん、著者はその主張の正当性を力説するのだが、それはとにかく、この「ヒトラーの日記」と「クリフォード・アーヴィング」には、訳者注がついていて、後者については、「アメリカの億万長者ハワード・ヒューズの自伝を捏造した詐欺師」と説明されている。両者とも捏造本であることは知っていたが、ハワード・ヒューズの自伝の作者がクリフォード・アーヴィングであることは記憶になかった。そして、クリフォード・アーヴィングといえば、同姓同名の別人でない限り、エルミア・ド・ホーリーから取材し、二年の歳月をかけて『贋作』(関口英夫(訳)早川書房、昭和四五年)を書いた人物ということになる。

『贋作』は、稀代の贋作者エルミァ・ド・ホーリーと、彼をして贋作を描かせた悪徳画商フェルナン・ルグロの悪事を暴いた書物なのだが、その著者が自らも捏造本を出版したとすれば、朱に交われば赤くなるの類であろうか。ホーリーの贋作がいとも容易に真作として通用することを知ったことから、自分も職業とする文筆のうえで世間を欺いてみたいと思ったからなのであろうか。この『贋作』についてはここでは詳しくは触れないが、あらためて手にとってみておかしいなと思ったところがある。それはモディリアニの奥さん、モディが結核で死んだその翌日、身重の体を六階の窓から投げてあとを追った、ジャンヌ・エビュテルヌの名が、『贋作』では「ジャンヌ・ビュテルヌ」となっていることである。まず、訳者関口氏の誤りということはあるまい。とすれば、原著者アーヴィングがいい加減であったことになる。万一にも私の記憶違いであってはと、念のため、アンドレ・サルモン『モディリアニの生涯』（福田忠郎（訳）美術公論社、昭和五五年）でエビュテルヌであることは確認した。

余談だが、『贋作』には、ホーリーが書いたモディリアニの油彩「ジャンヌ・ビュテルヌの肖像」（巻頭口絵）とデッサンの裸婦が掲げてある。油彩の方はなかなかの出来で、贋作と承知で欲しいくらいだが、デッサンは、真作にもよく似た構図がありそれを真似たものらしいが、線がぎごちなくどうみてもモディが描いたものとは見えない粗末な出来である。昔、「モンパルナスの灯」という映画があり、モディをジェラール・フィリップが演じていたが、『モディリアニの生涯』に掲げてあるモディの写真を見ると、モディがイタリア人、フィリップがフランス人という違いがあって、後者の方が線の細い感じがするものの、どこやら似ているところがある。それにしても、エビュテルヌを演じたアヌーク・エーメは素敵だった。エビュテルヌについて、「生涯」の作者サルモンは、「それはまさしく彼にとって最後の女性であった。その結末から思えば、彼が最初にして最後まで愛し続けた女性であったであろう。また、自分が愛しぬいたモディの死に、若い生命を殉じ捧げた彼女の愛は、古きよき時代のモンパルナスに咲いた愛のエレジーとしてこの画家の悲惨と栄光の生涯とともに語りつがれてゆくものであろう。」と書いている。

種村季彦『贋作者列伝』（青土社、一九八六年）は、さすがに種村氏の書かれたものだけあって読ませる本である。列伝であるから、何人かの贋作者とその贋作が露呈する経緯が明らかにされているが、文中にちりばめられている挿話が面白いのである。スキタイ王サイタファルネスのティアラなるものはルーブルが本物として買い上げたが、後日偽物の疑いがかかって再鑑定されるときに、是非当方に引き取らせていただきたい、ただし、それが「真物の贋物」という証明がついたときに限るとアメリカから申し出があったことや、ゴッホの贋作者オットー・ヴァッカーの裁判のおりに、証人として呼ばれた鑑定者の多くが、「あるものは真作、あるものは贋作」とか、「一部はたぶん真作で、一部はまたおそらく贋作、残りの一部はどちらとも決め難い」と証言したとか、種村氏曰く、「つまりは何も言っていないに等しい。」などということが紹介されている。科学的調査ということもあるが、絵画でいえば、カンバスとか絵具がその時代に使用されていたものかどうかは判定できても、親子関係に関して血液型が用いられた場合に、親子関係不存在は判断できるが存在は判断できないのと同じく、鑑定書なるものもインチキが多いとなれば、結局は人間の目で判断するほかはないが、世の鑑定家の意見もつまりは種村氏が喝破したようなものなのである。

なぜここで種村氏の「列伝」を持ち出したのかといえば、種村氏が、同書末尾に邦文の参考文献として、前記関口訳のアーヴィング『贋作』を掲げ、わざわざ（絶版）と断っておられたからであるが、氏も、アーヴィングをどこやら胡散臭いと思われたのであろうか、この「列伝」のなかにはホーリーを採り上げてはおられない。

海野　底「漱石は文豪か？」

本書は、おそらく普通には手に入らないと思われる。績文堂という出版社から定価一六四八円で出されているのだが、どれだけの部数が刷られたのであろうか。本屋の店頭に並んだのかも疑わしい。というのは、私がこの本を著者から贈られたのには、以下に記すようないきさつがあったのである。

私はD大学で教務関係の仕事をしていた時期がある。その折に、私に面会者があると告げられて会ったのがYさんであった。Yさんは社会人で、大学の授業を聴講に来ていた人であった。多分六〇歳を大分過ぎていたであろう（本書の奥付によれば、一九一六年生まれである）。かなり薄くなった白髪頭の、前歯の欠けた、正直に書いてしまえば服装もみすぼらしい貧相な人であった。まず、差し出された名刺に驚いた。名刺大の大きさに切った紙に手書きで、英・独・露通訳、Y某とあったからである。用件は、いま、ラテン語の聴講生として在籍しているが、担当教員に学識がなく教え方も下手だ、担当者を換えてくれというのである。

教務部という仕事は大学の授業全般にかかわるが、ある授業の担当者は、その授業が置かれている学部の教授会の決定で決まるのであって、教務部で決めることではない。だから、形式的には、受講生からそのようなクレームがあることを学部の方に伝えましょう、で済んでしまうのだが、私は年齢からすれば先輩に当る方にそのようなおざなりな答えをするのは失礼かと思い、以下のような返事をしたのであった。

国公立の大学のことはわからないが、私学にとっては経営という問題があり、人件費がかなり大きな部分を占めること、したがって、すべての授業を専任の教員でまかなうのは難しいこと、そうなれば、主要科目とはいえない科目については非常勤教員でまかなわざるをえないこと、他方では、非常勤講師の手当ては専任教員に比べて極端に安く、他大学で専任の職を持っている教員はおいそれとは非常勤を引き受けてはくれないこと、とすれば、非常勤講師はまだ大学に専任の職を持たない若い研究者にお願いすることにならざるを得ないのが普通であること、などである。したがって、いまラテン語を担当されている方が、まだ若くて経験が不足であり教え方などに不満があったとしても、代わりの人材も簡単には見つかるような科目とはいえないのだから、多少のことは我慢して頂きたいとお話したのである。

私の言い訳に納得がいったかどうか。ともかくもYさんはクレームの取り下げをしてくださった。そのような縁がきっかけとなって、その後Yさんはしばしば私の研究室に遊びにこられて雑談をして帰る仲となった。あとで知ることになるが、Yさんは、外見こそみすぼらしいが帝国大学出身のインテリであり、自分の信条に忠実な立派な人であった。そのYさんとの雑談のなかで、夏目漱石を貶す話が出されたのである。すなわち、漱石は社会的弱者に思いやりがない、漱石は天皇制および封建的家父長制の信奉者だ、漱石は乃木将軍の殉死を賛美している等々、あんな奴を文豪と呼ぶのはけしからんというのである。私は鴎外よりも漱石党だから――ここに記す場ではないが、鴎外が立派な文芸活動をしたことに異存はないけれども、爵位が欲しくて山縣有朋に擦り寄っていったのではないかという印象が拭えないからである――弁明に努めたけれども、結局、そんなにいわれるのだったら、あなたが漱石は文豪の名に値しないという本を書かれたらいかがですか、とYさんに言ってしまったのである。そしてある日、手渡されたのが本書であった。（ちなみに、辰野隆『辰野隆随想全集1　忘れ得ぬ人々』（福武書店、昭和五八年）には、「私見を許されるならば、鴎外は要するに山県有明幕下の一官僚であった。それ以上でも以下でもない。」との記述がある。）。

本書の奥付には、Yさんの経歴が掲げてある。生年についてはすでに触れた。九州帝大学生のとき反戦運動で検挙されたとある。その後軍隊にとられ、憲兵監視下で関東軍一兵卒の生活を四年、シベリア抑留八年を経て一九五〇年帰国、以来、日本語への関心と漱石文学への疑問を持ち続けて今日にいたる、とある。そういえば、雑談のなかで、日本語は、丁寧語、尊敬語、謙遜語と複雑であり、つねに相手との上下関係を意識しながら話さなければならず、人間の平等性に基づいた言語とはいえないと憤慨していた。

例えば、「猫」では、下女、車夫、馬丁、日雇婆、按摩、産婆、下等な労働者、教養のない人間、成金、などという言葉がやたらに出てくる。これを採り上げて本書の著者は、漱石の差別語を憎め、身分・階級にこだわり、下の者を人間扱いしないような漱石は文豪の名に値しないという。しかし、「我輩ハ猫デアル」初版三冊本の下巻が発売されたのが明治四〇年、当時の社会には身分的階級的差別が厳然としてあったのであるから、一人漱石のみを取り上げて責めるのは酷というものであろう。もっとも、おそらく漱石には、当時の日本の最高のインテリの一人であるとの自負があったであろうし、それが、帝国大学教授の席を棄て博士号を蹴飛ばした漱石の拠って立つアイデンティティであったろうから、この初期の作品にはどこかにその自負が出すぎたといえなくも無いかも知れないのである。

また、著者は、『趣味の遺伝』で、漱石は乃木に最大級の賛辞を送っているとしている。しかし、その最終章、日露戦争で戦死した亡友「浩さん」のお母さんと許婚者のお嬢さん、「余はこの両人の睦まじき様を目撃する度に、将軍を見た時よりも、軍曹を見た時よりも、清き涼しき涙を流す」という一文は、彼が単純な戦争賛美者ではないことを示すにほかならない。

巨細に挙げればきりがないからこの辺にしておくが、私は著者のすべてには賛同できないのだけれども、一箇所だけ肯かざるをえないところがあった。それは漱石が「卑怯」という言葉を使っていることに対して、根っからの江戸っ子である著者は、あれは武士言葉で、町人の使う言葉ではないというところである。確かにそうであろうが、実は卑怯に代わる言葉は難しいのではないか。というのは、卑怯には二通りの意味があって、勇気がない方は臆病で代わりうるが、心立ての卑しい方は一寸言い換えた言葉が見つからないのである。辞書には「卑劣」が当ててあるが、これが町人言葉とは言えそうもない。著者に卑怯に当たる町人言葉はなんというのだったか、すでに故人となられたので今となっては聞くことができないのである。

ともあれ、わずかなお付き合いの範囲ではあったが、著者は、自分の信条に忠実に生きた方だったと思う。すこし変わり者であることは、「海の底」というペンネームが示しているといってもよいであろう。本書を出された後、荒正人『漱石研究年表』（集英社、昭和五九年）を手渡しで頂いたが、その後間もなくして亡くなられたことを聞いたのである。今思えば、論争相手である私の漱石についての学の足りなさを、年表でも読めと遺言代わりに告げられたのではあるまいか。

（海野底「瀬石は文豪か？」績文堂、一九九三年）

田辺 保『ブルターニュへの旅』

キャクストン版『アーサー王の死』が、井村君江氏によって翻訳され、筑摩書房によって出版された。奥付によれば、「キャクストン版『アーサー王物語』（全五冊）トマス・マロリー著、井村君江訳、A・ビアズリー挿絵」とある。

この書の特徴は、サー・トマス・マロリイの LE MORTE D'ARTUR の全訳であることと、原本に付せられたビアズレイのイラストが転載されていることであろう。訳者による「解説アーサー王世界のみどころ」によれば、「二一巻全訳本である本書は『アーサー王物語』と新しい題名を掲げ、オーブリー・ビアズリーの出世作であり二〇〇部限定本の挿絵（一八九三年）五〇〇点を付して全五巻にまとめた。全編をアーサー王の誕生から死までの『アーサー王の物語』と見た題名であるが、なんら物語はキャクストン版原本と変わっていない。」とされている。

Illustrated by Aubrey Beardsley というキャクストン版の復刻版をたまたま所有しているのだが、その書の冒頭に掲げられている、天使が聖杯を捧げ持ち、その前に騎士が二人、一人は跪き、一人は立ち姿で、手を合わせて聖杯を拝んでいるThe achieving of the Sangrealと題された挿絵は、筑摩版では見あたらないようである。マロリィの『アーサー王の死』も、その一部は聖杯探求の物語といえるであろう。ビアズレイの挿絵に描かれた聖杯は、文字通りの「杯」である。聖杯は、ダン・ブラウンの『ダ・ヴィンチ・コード』以来すっかり有名になった。そこでは、SANG REALすなわち王家の血と解釈されているのだが、本書『ブルターニュへの旅』では次のように著されている。「『杯』には『グラアル』(Graal)という語が使われているが、aを二つつらねたこの語の視覚的効果がまず、異様だ。『グラアル』は決して、それほどにめずらしい、ことさらに奇をてらった用語ではないらしい。ガリア語の『グラダリス』または『グラダーレ』に相当する。本来は、『広口で、中の凹んだ器』をさすらしい。」と。

いわずもがなのことを付け加えれば、フランス語では聖杯はGraalと綴られる。ガリアは、ローマ時代すでに属州であったプロヴィンチア(プロヴァンス)を除く、フランスの中部から北部にかけての名称であった。シーザーの著作に『ガリア戦記』があることは周知のところであろう。

さて、ブルターニュだが、フランス北西部の大西洋に突き出た半島部分と、ロワール河の北、半島部の根元にあたる一帯がそれで、観光客が必ず訪れるモン・サンミッシェルが北のブルターニュとノルマンディーの境目あたり、南のロワール河沿いでナントがその入口ということになる。

再び本書に戻れば、「アルモニカ(ブルターニュの古い呼び方)がブルターニュであるための重要な出来事が、この時期に起こりはじめていた。北方の海のかなた大ブリテン島から、ブリテン(ブリタニア)人たちは、島に侵攻したアングロ・サクソン族に追われてこの半島に続々と渡ってきたのである。一説には、サクソン族の侵入に追われたのではなく、ブリタニア人自身の大陸への勢力伸長の動きによるものであり、かれらは、移住地を小ブリテン（ブリタニア・ミノール）と呼んだ。ブリタニア（ブルターニュ）の誕生である。このとき、ブルターニュは初めてブルターニュすなわち（ブルトン）の民の国となるのである。」。

ブルターニュに移り住んだケルトの人々は、今度はフランス人に圧迫されることになる。アーサー王伝説は、ブルターニュの人々にとっては、いつの日か強い指導者が現われて自分たちの民が圧迫から解放される夢を与えてくれる心のよりどころとなっているに違いない。本書では、こう述べられている。マロリイの『アーサーの死』は、「侵略者らに自分たちの定住地を負われ、辺境のコーンウォールやウェールズに押し込められ、さらには海を越えて、アルモリカの半島へと移らなければならなかった人々——つまり、ブルターニュの人々の挫折と敗北の屈辱感と、内にたくわえてきたルサンチマン、そこから生み出される精神的補償作用、夢想に仮託された民族の心願を反映している。」と。

大ブルターニュ（ブリテン島）のストーンヘンジは有名だが、ブリタニア・ミノールにも巨石文明の名残がある。昔のことだが、私は友人と二人、夏にブルターニュを旅した。パリから一時間のフライトで着くレンヌで車を借りて二泊三日の小旅行であったが、キャンペールの東、ロクマリアケールのドルメンとメンヒル、カルナックの巨石群とを一見しようというのである。本書によれば、ドルメンは、ブルトン語のトル（板）とメン（石）の組成語で、メンヒルは、メン（石）とヒル（長い）の組み合わせで創られた言葉だそうである。メンヒルの天板にあたる石は割れて落ちていたが、その巨大さには驚かされた。カルナックの巨石群は、本書の叙述では、「一部環状に配列されているものもあるが、おおむねは、約一〇列の直線状に大小の石がほぼ等間隔に並べられて、かなたへと延びる。ともかくも四〇〇〇近いメンヒルがこの地域だけに集中して残っているのである。だれが、いつ、なんの理由でこれらをここに築いておいて去ったのか。すべては謎といってよい。」と書かれている。

ブルターニュにおける伝説を少しばかり紹介しよう。キャンペールから南西の先、バン・マルク岬にはトリスタンと、イズーの物語が伝えられている。イズーの夫マルク王は、「王様の耳は驢馬の耳」という童話でも知られているが、本書によれば、「やがて、恋人たちの死を知らされたマルク王は、対岸のコーンウォールからブルターニュにきて、二人のために宝玉の棺を作らせ、二つの屍をタンタジェルの城に運ぶ。教会の奥深く、隣り合わせの墓地に二人の棺はおさめられたが、夜のうちにトリスタンの棺からは、緑色の濃い葉の茂った一本の花香るいばらが萌え出し、イズーの墓の方へ延びていくのだった。コーンウオールの人々が切っても切っても、それは新芽を伸ばし、イズーの墓の方へと向かってやまなかった。ついにマルク王は、その枝を切ることを禁じる。バンマルク、この岸辺の名は、まさしく「マルク」王の名をもつ（「バン」は頭、マルクはケルト語で「馬」を意味する。）」。

さらに西、ラ岬へたどれば、海中に沈んだ都の伝説で名高いドゥアルヌネである。その昔、ここにあったイスの都は繁栄をきわめていたが、住人たち、とくにグランドロン王の娘ダユの堕落によって神の怒りに触れ、一夜にして海中に沈んだとされる。パリは古くはルテティアと呼ばれていたが、繁栄するイスに対抗するもの par Is という意味でパリと改められたのだとブルターニュの人はいうそうである。いまでも、波静かな夜には、海中にある寺院の鐘の音が響いてくると伝えられ、ドビュッシイの『沈める寺』はこの伝説にもとづいて作曲された。

残念ながらわれわれは、キャンペールから東帰して、この不思議な鐘の音を聞くことはできなかったが、ブルターニュに居住するケルトの血を引く人達のドルイド教とキリスト教とがない交ぜになったような心象が、本書を読むことのよってあらためて判るような気がするのである。

（田辺保「ブルターニュへの旅」朝日選書、一九九二年）

ブスケ「日本見聞記」

法科大学院が設けられたり、裁判員制度も始まった。いわゆる司法改革の一環である。同じく、施行一〇〇年余となろうとする民法典も全面的に改正作業が進んでいる。この民法典（以下は、ただ「民法」とする。）を語るとき、ボアソナードの名を落とすことはできない。ボアソナードが大綱を書き、それを下敷きにした民法（旧民法という。）が明治二六年一月一日を期して施行される予定のところ、法典論争がおこって施行延期となり、梅健次郎、富井政章、穂積陳重の三人を中心として新しく民法が起草されることとなった。これが、家族法（こちらは戦後の憲法改正にともなって、大改正を経た。）の部分を除いていまだに見ることができる現行の民法（正確には、文語体が口語体となりごく一部が改正されている。）だが、その策定の過程をみると、旧民法を既成法典と呼んで、その各箇条を改正するという作業が行われたばかりではなく、旧民法上にあった制度がさして改変されることなくそっくり取り込まれているという部分もかなりあるのである。だから、ボアソナードがフランス民法を手本として作成した旧民法の草案（もっとも、ボアソナードはフランス民法にはない制度も導入している。）にあった制度がいまだに我が民法に存在して、民法の条文を解釈する際には、ボアソナードがどのような趣旨で規定を設けたのかを調べるということも生ずるのである。

ボアソナードは、著名なギリシャ学者を父として生まれ、来日前には、パリ大学で講義を担当していた。正教授一歩手前の professeur agrégé である。このアグレジェという職はわが国はないのでピンとこないが、博士号取得者が教授資格試験 agrégation に合格すると全国の大学の教授の空きポストに補される。最初は地方の大学に赴任し、特記すべき業績を挙げたものがパリ大学などの有力大学に呼び戻されるということのようである。ボアソナードについては、大久保泰甫『日本近代法の父——ボワソナード』（岩波新書）があるが、残念ながら絶版のようである。

さて、本書である。Georges Hilaire Bousquet の Le Japon de nos jours が原本で、訳者野田良之氏は人も知るフランス法の大家、久野桂一郎氏は野田氏の友人である。原本では、ブスケが帰国の途次立ち寄った東洋諸国の紀行文も含まれているが日本に関する部分のみを訳出したとされている。といっても一・二通巻で総頁数九〇〇頁に近い大作である。ブスケは、九州・四国をのぞいてほぼ全国を旅しているが（なんと北海道にまで脚を伸ばしている。）、本書は旅の見聞録ばかりではない。わが国の歴史、教育、言語、演劇、小説はては日本人の起源についてまで、その知見を記している。したがって彼の在日した一八七二年（明治五年）からの四年間の日本がどのようであったのかを幅広く知ることができる。

従来、お雇い外国人としての法律家を招いた契機については、次のようにいわれている。明治維新後、近代国家としての体制構築を企図した政府は、特に司法制度の改革を急務とした。その意図は主として幕府が締結した不平等条約の改正にあった。また、これを求められた各国からも、Western Principle に基づいた法典を持つようにとの要請があったようである。明治八年には大審院が設けられたが、裁判所が事案解決に適用すべき実体法も手続法も存在していなかった（政府は、裁判所に対して実定法が存在しない場合には条理をもって裁判せよとしたが、当時の裁判官は、外国の法律書を参照して判決をしたようである。）。このような事態であるから、当時一国に適用されるべき法典を有していた最先の国ともいうべきフランスの法典の翻訳を、司法卿であった江藤新平が箕作麟祥に命じたとされている（幕府の後ろ盾となったのはフランスであり、明治政府が親しかったのはイギリスであったという図式もあるが、英国は判例法の国であった）。箕作は困惑する。フランス語ができても、法律の翻訳はできない。書かれてある法律用語をどのように訳したらよいのかは、その用語の意味が理解されていなければならず、彼には、フランス法の知識がなかったからである。悩んだ箕作は法律の勉強にフランス留学を希望するが、彼に抜けられては政府も困るので、箕作が疑問を糺すことができるようにフランスから法学者を招聘することになって、その結果、来日したのがブスケでありボアソナードであったというのである。しかし、民法に関して言えば、京都大学に、明治四年出版の箕作訳の「仏蘭西法律書民法」なる和本があるとのことであり、ブスケの来日以前に一応翻訳が完成していたことになる（ブスケの来日は明治五年、ボアソナードは明治六年。なお、憲法から民事手続法までを含んだ箕作訳の仏蘭西法律書が、革装丁の洋本として出版されたのが明治八年である。）。すなわち、彼らフランス法学者の来日は、法典編纂事業ばかりではなく、法学教育や政府の外交問題に関する法律顧問としての役目なども果たすべきものとして招聘されたといえるのである。

本書の「解説」によれば、在仏の鮫島小弁務使に対し、英語ドイツ語は勿論ギリシャ・ラテン語熟達の者にて、これまでアホカー相勤候者なれば猶更都合宜候という選考基準が示されたとのことで、「アホカー」は avocat すなわち、弁護士のことで、学者ではなく、法実務家を要望していることは興味深い、とされている。ブスケが交わした御雇契約書には、「日本政府ニテ法律ヲ輯成スルヲ助ケンタメ、法律関係ノ諸務ニ助力ヲ借ランタメ、司法省及学校ニ於テ法学教授ヲ為スタメ」とあり、日本政府の法律顧問的役割を勤めるにあった。

本書の「解説」では、ブスケの性格診断がなされているのも興味深いところである。詳細は本書にあたられたいが、その片鱗を示すと次のようである。

Emotivité　ある事象に対したとき、心を動かされ易い人を émotif これに対して感動し難くしかもその感動が余り激しくない人を non-émotif と呼ぶ。この基準からすれば、ブスケは後者に属するようだ。彼は本書でことを述べるにあたって、自分の感情をほとんど表白していないというのが、解説者野田氏の見方である。これに対して、ボアソナードについて、ボアソナードは émotif であったようである。前掲の大久保著では、たまたま拷問を目撃したボアソナードについて、「此の拷問の惨状を目撃したボアソナード氏は、余りの事に驚き、ワァーと泣き出し殆ど気狂した者のようにウロウロしていた。」という箇所がある（同書九八頁以下）。ボアソナードは早速司法卿に対して拷問廃止の建白書を呈するのであるが、ブスケの死刑執行（斬首）の情景の記述（本書1一一八頁以下）と対比させてみると、ブスケがいかに冷静な観察者であったかがよくわかる。

Activité　気易く動く人間の性向のことで、actif は自分から動き、衝動は自分に由来するように見え、事物は契機にすぎない、という分類である。actif か non-actif かでいえば、ブスケは前者の人であった。野田氏は言う。「年歯わずかに二六歳または二九歳で（ブスケの生年には二説あるからである）、未知の国に乗り込み、四年の滞在中、極めて合目的計画のもとに、立法に教育に大活躍をし、鉄道も殆ど開通していないという旅行の悪条件のなかを、日本文化の真相を求めて、四国・九州を除き、日本全土を北海道に至るまで踏破しているという点だけからも、彼の性格を actif とみるに十分であろう。ボアソナードは一個の使命感から日本にやって来たのであり、彼を行動に駆り立てたのは感情であったと思われるが、ブスケにはそういうつきつめた使命感はなく、もっと自由な行動意欲こそが彼を日本という探究心をそそる国へと駆り立てたのであろう。」と。

Primarité 自己の内部すなわち主観よりも客観に関心が集中するタイプであって外向的人間である。secondaire の性格の人間では叙述がどうしても主観的・内向的になる、とされる。この分類によれば、ブスケが primaire であることは明らかである。

結局、ブスケは、nEAP であって、これは、日本人にあっては稀であるが、フランス人にあってはかなり多い、著名な人物では、モンテスキュウ、タレイラン、アナトール・フランス等がこれに属するそうである。要は、本書はブスケのこのような性格によるのであろうか、日本における自己の生活、それは法学教育においての指導の状況や政府要人とのやりとり、あるいは、与えられた宿舎が火事で焼失したことなどを含めて、一切叙述がないし、契約書においてブスケの職務とされた仕事の内容についても触れるところはない。明治初期の日本という国の歴史・言語・地理・教育・趣味などの客観的叙述なのである。

野田氏はいう。「本書のより大きい価値は、筆者には比較文化論の資料としての価値にあるようにおもわれる。」と。

（ブスケ「日本見聞記」１・２　野田良之・久野桂一郎訳、みすず書房、一九七七年）

ソポクレス「アンチゴネー」

アンチゴネーを語る前に、その父であり、フロイトが提唱して今でも使われるエディプス・コンプレクスという言葉のもととなった、オイディプスについて触れておかなければならない。

周知のように、オイディプスは、父とは知らず父を殺し、母とは知らずに母を娶り、のちにそれと知って絶望のあまりみずから盲目となって荒野を彷徨う。

テバイの王ライオスは、デルポイの神殿にいますアポロの神託によって、生まれ来るわが子によって亡き者にされる運命にあることを知らされ、妃イオカステの生んだオイディプスを、家僕に委ねて殺すように命じる。しかし、秘かに匿われて成人したオイディプスは、ライオス王と行きあった道すがら、王の無礼に腹を立てて、王とは知らず父とも知らずにこれを殺してしまうのである。

おりしもテバイは、乙女の顔に有翼の獅子の体をした怪物スフィンクスに悩まされていた。スフィンクスは旅人に謎をかけ解けない者を取って喰うのである。その謎は、『オイディプス王』（藤沢令夫訳、岩波文庫）の「解説」によれば、次のようなものとされる。

「一つの声をもち、二つの足にしてまた四足にしてまた三足なるものが、地上にいる。地を這い空を飛び海を泳ぐものどものうち、これほどに姿を変えるものはない。それがもっとも多くの足に支えられて歩くときに、その肢体の力はもっとも弱く、その速さはもっとも遅い。」。訳者藤沢氏は、このスフィンクスの謎は、「汝自らを知れ」というデルポイの碑銘の一種のユーモラスな変形ではないかとされている。「オイディプス」という悲劇そのものが、おのれの出自を知り、おのれの妻を知り、またおのれの運命を知るという筋であるから、藤沢氏流でいえば、この悲劇はデルポイの碑銘のトラジックな変形といえるのではなかろうか。

オイディプスは見事にこの謎を解き、ためにスフィンクスは死んでしまうが、テバイの民をその災いから救ったオイディプは推されて王となり、先王の妃である母イオカステを妻とし、イスメネー、アンチゴネー、ポリュネイケス、エテオクレスの四人の子をもうける。ソポクレスの「オイディプス」の舞台は、彼が先王ライオスの殺害者を調べさせるところから始まり、やがて真相が明らかとなってオイディプスの悲劇へと繋がっていくのである。

悲劇はオイディプスのみにとどまらない。そのことは同じくソポクレスのもう一つの悲劇「アンチゴネー」にあきらかである。話は飛ぶが、六本木の俳優座劇場のこけら落しの公演はアリストパネスの喜劇「女の平和」だったと記憶するが、劇団四季の初期の公演がこの「アンチゴネー」であった。もっとも、フランスの劇作家ジャン・アヌイが近代劇として書き改めた「アンチゴーヌ」であったが、そのあらすじには変更はない。戦後しばらくしてのわが国のいわば復活した新劇がギリシャ古典劇によるものであったということは興味深いものがある。

さて、「アンチゴネー」では、空位となったテバイの王位は、エテオクレスが継ぐが、それを不満とするポリュネイケスが軍を率いてテバイに攻め寄せ、この二人は戦いのなかで相打ちとなって死に、王位はイオカステの弟アンチゴネーの叔父であるクレオンが襲うことになる。この新王が出した布令は、エテオクレスの葬儀は、国を守って戦死したのであるから最高の死者を送るにふさわしい儀式をもって執り行うが、ポリュネイケスは反逆者として屍は野に曝したままだれも儀礼をほどこしてはならないとするものであった。「アンチゴネー」はこのクレオンの布令が発せられるところから幕が開くのである。しかし、アンチゴネーは、兄であるポリュネイケスが死者に対する儀礼なくして屍を棄ておかれることに我慢ができない。砂をかけて埋葬しようとしているところを番人にみつかり、王のもとに連れて行かれるのである。なぜ私の命じたところに従わないのかというクレオンの問いに、アンチゴネーは、反逆者といえども死者となった以上は儀礼をほどこすのが神の掟であると昂然と答えるのである。

王の命に背いたアンチゴネーは岩屋に幽閉され、王に対してアンチゴネーを擁護した婚約者で王の息子ハイモンは、絶望のあまり自殺し、かくてクレオンはただ一人の嗣子までも失ってしまう。ここに我々は、人倫の教えるところと、実社会における法の命ずるところとの相克をみるのである。

憲法学者宮澤俊義博士は、その著書のなかで、「アンチゴネー」を「抵抗権」を説く箇所で引用されていたと記憶するのだが、その著書が手許にないので断言はできない（宮澤博士の著作目録は、随筆まで含めて、高見勝利「宮澤俊義の憲法学史的研究」（有斐閣、二〇〇〇年）の巻末に載せられている。）。K.F.ベルトラムによれば、抵抗権の萌芽は古代ギリシャに遡るとされるが、おそらくこのソポクレスの悲劇を指しているものと思われる。「抵抗権」の意義ないし内容は時代によって変遷があるといえるが、「アンチゴネー」においては、クレオンの布令すなわち王令が実定法であり、アンチゴネーの行為は神の法すなわち自然法に基づくものとして、両者の相克とみてよいであろう。

抵抗権が実定法のなかに認められた近年の例は、一九四九年制定のドイツ連邦共和国基本法であろう。煩瑣ではあるが全文を紹介しよう。

第二〇条

ドイツ連邦共和国は、民主的、かつ、社会的連邦国家である。

すべての国家権力は、国民から発する。国家権力は、国民により、選挙・投票および立法・執行権および裁判の特別の機関によって行使される。

立法は、憲法的秩序に、執行権および裁判は、法律および法に拘束される。

ここでは、抵抗権の規定は見出せない。その後、連邦憲法裁判所が抵抗権を肯定する判決を出すにいたって、一九六八年になって次の一項が同条に追加された。

「この秩序を排除しようと企てるすべての者に対し、他の防衛手段がない場合には、すべてのドイツ人は抵抗権を有する。」。

抵抗権は極めて困難な問題を含んでいる。それがいかなる秩序の侵害であるときに認められるのか。ボン基本法は、明らかにその定める憲法秩序の維持を目的としているが、国家権力による侵害のみに対して認められるのか、私人による侵害行為にも認められるのか。他の防衛手段がない場合とは具体的にはどのような場合を指すのか、憲法秩序に具体的に定めの無い基本権侵害に関しては抵抗権は認められないのか、抵抗は消極的抵抗に留まるのか積極的抵抗も許されるのか、等である。

話は難しくなったが、たとえば、現代では「人を殺してはならない」ということは人類普遍の思想であろう。ところが憲法が改正されて兵役の義務が定められたとしよう（明治憲法二〇条は、「日本臣民ハ法律ノ定ムル所ニ従ヒ兵役ノ義務ヲ有ス」としていた。）。そして徴兵され戦場において上官から敵を殺すように命じられた。われわれは、先述の人類普遍の原理（自然法）にしたがって抵抗権を有するとして、どのような行為によってこれを示せばよいものであろうか。

（ソポクレス「アンチィゴネー」呉茂一訳、岩波文庫一九六一年）

モーパッサン「マダム・リュノー事件始末記」「酒樽」

モーパッサンの三〇〇を超える短篇には、いくつか法律にかかわるものがある。ここではそのなかの二つを紹介しよう。

「マダム・リュノー事件始末記」(Le cas Madame Luneau)

これは、村の金物屋イポリット・ラクールが、未亡人マダム・リュノーに対して一〇〇フラン支払うよう訴えた事件である。そのいきさつは、こうである。マダム・リュノーはでっぷりと肥った堂々たる恰幅の、はっきり言えば醜婦の寡婦である。イポリットの訴えによれば、「もしうまくいって、お医者さまのお見立てで妊娠だとわかり次第、すぐにでも一〇〇フラン進ぜる」という約束で、一生懸命つとめた挙句、結果上首尾となったのに、マダムが約束を守ってくれないというのである。マダムがこのような約束をしたについてはわけがあった。マダムのご亭主が突然死んでしまったので、身代は、そっくりそのまま亭主の実家に返されることになった。困ったマダムが法律の先生の所に相談にいくと、亭主の死後一〇ヶ月以内に子供を産めばいい、そうすれば出生児は嫡子とみられて遺産の相続権が認められるという智慧を授けてくれたので、イポリットに相談を持ちかけて、一〇〇フラン進呈するからという話になったのである。

フランスでは、生前に贈与されるとか、遺言で財産を残されるとかがないままに、夫が突然死んでしまうと妻には遺産が行かない、つまり妻は相続権がないのである。遺産は血のつながりがあるところに流れるので、「身代は夫の実家に返される」ということになる（現代では、妻の相続権は認められている）。マダム・リュノーがご亭主の死後一〇ヶ月以内に首尾よく出産すれば、夫の子と推定されてその子が相続するから、マダムはその財産の管理者として安泰な生活を送れることになるわけである。

ところで、この訴訟のなりゆきはどうであったであろうか。実はマダムの妊娠はイポリット氏のせいばかりではなかった。不安に思ったマダムは、イポリット氏のほかに六人の男性に「保険」をかけていたのである。したがって、おなかの子がイポリット氏の子とは限らないので、マダムは約束を履行しなくてもいいかもしれないのである。粋な治安判事の判決は、「マダム・リュノーは、イポリット・ラクール氏に対し、時間を浪費せしめ、かつ異例の誘惑行為をなしたるかどにより、賠償金二五フランを支払うべきものとする。」というものであった。

「酒樽」（Le petit fût）

エプルヴィルの宿屋の亭主であるシコどんは、マグロワール婆さんの土地が欲しくてしかたがない。婆さんには、ろくに寄り付きもしない甥がいるだけで他には身寄りが無いのであるが、がんとして家屋敷を売る話には乗ってくれないのである。そこで、一計を案じたシコどんは、こんな提案をする。「わしはあんたが死ぬまで月々一五〇フランあげよう。あんたはそのままここに住んでわしの金を受け取ってくれさえすればいいだ。ただ、あんたが死んだらこの地所はわしのものになるという証文を公証人のところで書いてくれればいいだよ。」と。このうまい話に裏があるのではないかと、マグロワール婆さんは公証人のところへ相談に行くと、別に変な話ではないが、婆さんの土地はうちわに見積もっても六万フランの値打ちはあるから、一五〇フランではなく月々二五〇フラン請求してみなさい、と勧めてくれるのである。婆さんは月々二五〇フランも入るのかとすっかり有頂天になって、シコどんと掛け合った挙句、とうとうシコどんも承知することになった。

さて、この話がまとまってから後、三年経ってもマグロワール婆さんはピンピンしており少しも年をとったようでもなかったが、ある日、シコどんは、それまでスープとバターを少し塗ったパンだけで済ましてきたばあさんにご馳走をしたうえ、上等のぶどう酒を小さな酒樽ごと進呈し、それがなくなるとまた樽をとどけるというサービスを続けるようになり、マグロワール婆さんは大酒のみになった挙句、とうとう雪の中に酔いつぶれたまま死んでしまったのである。めでたく婆さんの土地を手に入れたシコどんは、こう言ったものである。「くそばばあめ、大酒をくらわなけりゃ、あと一〇年がとこは生きのびられたのに」。

AからBに対し、Bが死ぬまで一定額の金を支払うという契約を終身定期金といって、わが民法にも規定がある（六八九条以下）。契約の一種として債権編にあるのだが、実は債権法の講義でも全くといってよいほど触れられることはない。わが国ではこの契約が実際に用いられることはまずないからである。定期的に一定額の金員を贈与するならば、贈与の一形態であるし、土地を買ってその代金を将来にわたって定期的に支払うのなら、売買代金の割賦払いであるから、終身定期金という契約が、贈与や売買とは別種の契約類型であるとすることはあまり意味があるとは思えない。親族に定期的に贈与するなら、扶養義務の履行の形態であろう。どうも、この終身定期金という制度はなにを目的に民法におかれたものかよくわからないのである。また、この「酒樽」の例だと、マグロワール婆さんが二五〇フランを貰い始めてから六年で死んだとすると、シコどんはうちわに見積もっても六万フランの土地を一万八〇〇〇フランで手に入れたことになる。もっともマグロワール婆さんが二〇年以上生きるとシコどんの損失となる。このように賭博と同じく偶然の事由で得をしたり損をしたりする約束は、射幸契約といって、その有効性は疑わしい（民法九〇条参照）。

フランス法では、シコどんはマグロワール婆さんの土地の所有権は契約時に手に入れていることになるが、その所有権は、婆さんが死ぬまでは、自分では住むことも使うことも他人に売ることもできない所有権であって、虚無の（あるいは虚有の）所有権（nue-propriété）の売買とよばれるようだが、わが国では虚無の所有権という概念は認められていないのである。

ただ、わが国でも、不動産以外には目ぼしい資産がなく収入もない高齢者に、その不動産を担保にとって毎月一定額を給付するとか（リヴァース・モーゲイジという言葉を聞いたかたもおられるであろう）、担保なしに月々貸付け、死んだときに不動産を売却して清算をするというようなことは、とくに近時行われるようになった。子供たちが親の面倒を見ず、扶養（仕送り）もしない（できない）という最近の世相において、老後の生活をどうするのかは切実な問題であり、このような話を採り上げて見たのである。

なお、ここに引用した二つの話は、春陽堂「モーパッサン全集」第二巻に拠った。訳者はいずれも桜井成夫である。

モーパッサン「いなかの法廷」——贈与のはなし

書き出しはこうである。

「ゴルジュヴィルの治安裁判所の法廷は、壁にそってじっと身動きもせずに開廷を待っている百姓たちでいっぱいである・・・彼らのからだといっしょに、牛小屋と、汗と、すえた牛乳と、堆肥のにおいが持ち込まれた。まっしろな天井の下でハエがブンブンうなっている。あけ放たれたドアから鶏の鳴き声が聞こえてくる。」

やがて治安判事が入ってきて、書記によびかけ、書記は、「ヴィクトワル・バスキュール夫人対イジドール・バテュロン」と宣言して開廷となる。原告のバスキュール夫人は、次のように主張する。

私は、いまから一五年前にこの子（被告のことである）を引き取って、母親がわりに育て愛してきました。この子のためにすべてを尽くし、一人前の男にしました。この子も決して私を棄てないと約束し、証書まで取り交わしました。そこで私は、この子に六〇〇〇フランの価値のある私の地所をやったのです。それなのに、この子は、一人の小娘に頭を狂わせられて、その娘と結婚しようとし、そのしるしに、私の財産を、私の地所をその小娘にやろうとしています。ああ、とんでもない。ああ、もってのほかです。こうなった以上、あの子は私にあの地所を返すべきです。

被告バテユロンと夫人との間に取り交わされた証書は、以下のようである。

「署名人イジドール・バテュロンは、本状により恩人バスキュール夫人に対して、終生そのそばをはなれず、献身的に仕えることを約束する。」

判事と被告との問答。

「署名代わりに十字のしるしがついているね。では、きみは字が書けないのか。」

「ええ、書けません。」

「この十字を書いたのはきみかね。」

「いえ、わたしじゃねえです。」

「では、だれがこれを書いたのかね。」

「あの女でさあ。」

さて、この続きだが、十字のしるしをこの文書に書いたのは、どうやら夫人本人であること、夫人が、被告を親もとから引き取って育てたのは、被告本人の言によれば、「男妾みてえなもの」にするためであったこと、夫人には被告以前にも四人もの男の子を「育てあげた」前歴があること、被告が夫人に五年前に別れようと言ったときには、夫人は大泣きしてもう四・五年でも残ってくれれば例の地所をくれるという約束をしたので、被告が承諾をしたこと、などが明らかになってくるのである。

判事が夫人に「優しい口調で」言ったのは次のようであった。

「やむをえませんね。奥さん。わたしにはどうすることもできません。あなたはすっかり正規の証書によって、ベック・ド・モルタンの地所をイジドールに与えられました。あの地所は彼のもの、正式に彼のものとなったのです。彼のしたこと、あの地所を婚資として妻に与えたことは、当然そうするだけのたしかな権利が彼にあったのです。」。

かくして、バテユロン夫人は、敗訴となった。被告が退廷したあとで、判事は夫人を慰めて、「だれかもう一人、ほかのでしをお探しになることですな。」とか、「わたしもあなたにあとがまを推薦できなくて残念です。」というのだが、夫人が泣く泣く立ち去ったところで、書記の方をかえりみて、「カリプソ、ユリースの出発に心なぐさむるすべもなかりき。」とからかうような声でいうのであった。

治安判事（juge de paix）とは、小郡（canton）を単位として置かれていた裁判官であるが、一九五七年の司法制度改革で廃止され、小郡という行政単位もなくなった。この短篇が書かれたころ（一八八四年）にはあったことはいうまでもない。カリプソはギリシャの英雄ユリシーズを誘惑して七年間も引き止めていた魔女である。

さて、この話をタネに、贈与法について簡略に述べてみよう。

まず、フランス法。贈与は原則として公正証書によってなされなければならない。動産についてはこの原則が緩められているが、この事件では、地所（不動産）の贈与であるから、公正証書によってなされることを要し、判事も「正規の証書」によってなされていると認めている。次に、バテユロン夫人は、イジドールに贈与した地所を取り返すことができるであろうか。これも、原則としてできない。Donner et retnir ne vaut（与えるとともに取戻しを保留するは、その効なし）の古法以来の伝統的原則に由来する（山口俊夫「概説フランス法（上）」）。もっとも、これには次の三つの例外がある。①負担付贈与の負担の不履行、②受贈者の忘恩行為、③贈与者に爾後に嫡出児が出生したこと。①②の場合には、贈与者は、贈与の取消しを裁判所に訴求することができる。③の場合には、取消しは自動的に効果を生じるとされる。

バテュロン夫人とイジドール間の地所の贈与は負担付贈与で、イジドールは負担を履行していないといえるであろうか。負担の内容は「正規の証書」に書いてなければならないが、おそらく何も書かれていないであろう。夫人が法廷に持ち出した証書は、夫人の偽造にかかるものらしく、また贈与とは関係がない。仮に負担付とみても、その負担は贈与を受けるかわりにもう四・五年イジドールが夫人の傍らにいることであり、彼はその約束は果たしたのであるから問題はない。では、イジドールの行為が夫人に対する忘恩行為といえるであろうか。ここでの忘恩行為とは、贈与者を虐待したとか、重大な侮辱を加えたとか、殺そうとしたような場合を意味するから、イジドールが夫人との約束を果たしたうえ、若い娘と結婚しその婚資として夫人から贈与を受けた地所を相手に贈与したというだけではこれにあたらない。だから、夫人には優しく紳士的な治安判事も「どうすることもできません。」という判断となったのである。

わが国では、旧民法はその大部分をボアソナードが立案し、ボアソナードはほぼフランス民法典を手本としたことは他の箇所でも述べたが、贈与法についてはその大綱を示したのみで、実際は日本人委員の手によって各条が起草された。その結果はボアソナードが示唆したところとは異なって、フランス法の①の場合の取消しは認められたが、②、③の取消し原因は規定されなかった。但し、贈与が有効に成立するには、公正証書をもって約さなければならないとする点は、フランス法を承継した。さらに、明治民法（現行民法もそうである）となると、贈与は、通常の契約と同様、合意だけでも有効に成立するが、書面（公正証書である必要はない）によってなされた贈与またはすでに履行された場合には、取消すことができないとされ、法典上は取消しが許されるのは、書面によらない贈与で、未履行の揚合に限られることになった。

贈与後に思いがけず嫡出子が生まれた場合には、なされた贈与の効力がなくなるというのは、家産維持の思想といえようし、贈与された側にとっては自己にはなんらの落ち度なく取り返されてしまう結果となって、合理性に乏しいと言えるのであって、ボアソナードも日本法に取り入れることに反対であった。忘恩行為を理由とする取消しについては、明治民法の起草者は、贈与とは恩を売る行為ではないからとしている。負担の不履行を理由とする取消しについては、取消し原因とは定めなかったが、「その性質に反しない限り、双務契約に関する規定を準用する」（民法五五三条）として、債務不履行による解除の可能性を残している。最高裁の判例で、孝行な養子だと信じこまされ、老後の面倒も見てくれるものと思い込んで全財産を贈与したところ、養子は掌を返すような扱いをし、贈与者である養親は生活保護をうけるまでになってしまった、という事例について、この規定に基づき贈与契約の解除を認めたものがある。

いったん贈与してしまったものを、後から、恩を忘れたけしからんヤツだ返せ、というのは、確かに贈与は恩を売る行為ではないと言えるのだから行き過ぎであろう。しかし、ここの忘恩とは、そのような軽い意味ではなく、虐待、重大な侮辱など人間的に許されない行為をした場合にも、贈与を取消すことができないというのは、相続の場合に、これらが相続廃除事由とされている（民法八九二条）こととの均衡からすれば、疑問が残らないとはいえないのである。

（「いなかの法廷」は、春陽堂「モーパッサン全集」第三巻に拠った。訳者は小林龍雄である。）

ロバート・ファン・ヒューリック「沙蘭の迷路」

アナトール・フランスが『エピキュールの園』で面白いことをいっている（またしてもフランスかと、いわないで下さい。）。学者に博物資料館を案内してもらったところ、ある時期までの陳列棚の中身については大変詳しく解説してくれたが、その時期以降の陳列棚の前に来るとふいに横を向いてしまった。フランスが質問をすると、「それは私の陳列棚ではありません。」と答えたという。この一文の冒頭は、「少しでも学者と交際したならば、人は学者が人間のうちで最も好奇心のない者であることに気が付くであろう。」という文章で始まっている。皮肉屋のフランスの言を俟たずとも、たしかに学者は自分の専門のこと以外には興味を持たない人種である。

さて私は、これから遺言のことについて雑文を書こうとしている。一応民法研究者の端くれであるが（正しくは、であったが）、ご存知のように、民法は、財産法の分野と家族法の分野とに分かれる。私の専門は財産法であり、遺言は家族法の分野に属する。言いたいことはこうである。家族法については、あまり興味（好奇心）がもてなかったので殆ど勉強していない。したがって、これから書くことには自信がないのである。専門バカの一例であって、バカが専門とはならないように心がけようという言い訳をまずしておこう。

その前に、「書物のある情景」なる書名の手前、今回は、上に掲げたヒューリックのDee判事シリーズの処女作、『沙蘭の迷路』をイントロに使うことにする。

ヒューリックについては、すでに別の箇所で触れた。本書は処女作であるにもかかわらず、和爾氏の訳書（ハヤカワ、ポケ・ミス）としては一〇冊目の出版である。和爾氏の「訳者あとがき」は毎冊面白いのだが、今回は残念ながら割愛しよう。

われらが主人公狄仁傑は新任の知事として辺境の地、蘭坊に赴く。前知事は、表向きは城外でウイグル族に出会って不慮の死をとげたことになっているが、実は蘭坊の顔役銭に逆らって殺されたのであった。狄判事の蘭坊政庁での初仕事は、かつて都で名の知られた役人倪守謙の遺産相続にかかる事件である。倪には前妻の子継と蘭坊に引退してから迎えた後妻梅、梅との間に生まれた幼い善とが残されている。継は、亡父の葬儀が済むや、梅と善とを屋敷から追い出してしまったのである。とくに遺言書らしきものはなく、梅らにはわずかに掛軸一本が残されていたに過ぎないが、梅らは自分たちにも相続分があるはずだというのが訴訟の中味であった。

狄判事（知事）の活躍で、梅と善は遺産を手に入れ、前知事殺害の真犯人銭も御用となり、一件落着となるのだが、ここで、遺言のない場合の法定相続は、均分相続であるとされていることが興味を引くのである。狄仁傑は、唐を廃し周を立てた武則天の宰相にまでなった実在の人物であるが、いまから一三〇〇年前の唐律で均分相続であったとは一寸信じがたいようであるけれども、ヒューリックさんの書いたことに間違いはないであろう。遺言がなかった場合に、相続分は法が定めたところに従うというのが法定相続であることはいうまでもあるまい。

遺言、遺言書などと書いたが、「遺言」は「いごん」と読むべきか「ゆいごん」と読むべきか。広辞苑で、法律用語としては「いごん」であるとしてあるが、はたしてそうであろうか。どちらでもよいと思っていた。ついでに、「嫡出子」は「ちゃくしゅつし」と読むべきか「てきしゅつし」読むべきであろうか。これもどちらでもよいのである。「ちゃく」は呉音「てき」は漢音とある。ただ、「てきしゅつ」と読むと「摘出」とまぎらわしい。そういえば、今また若い人の間で流行っているらしい太宰治の小説に『如是我聞』というのがあった。こちらは普通には「にょぜがもん」と読まれるが、「じょしがぶん」と漢音でカナが振ってある経典もある。日本語はややこしい。「このごとくわれきく」と読み下しては有難味がなくなるのであろう。

閑話休題。昨今は、わが国でも遺言を書く人が増えたようである。銀行などがサービスで「遺言書の書き方」などという講座を開いているのも見かけたりする。ところで、遺言さえあれば効力が生じると思うのは早計である。ある民法の入門的教科書に、身寄りのない人が生前可愛がっていた猫に相続させるという遺言の例が載っていた。かような遺言は効力を生じない。猫は物に過ぎないから相続ができない。つまり、猫には権利能力がないから相続権は帰属しないのである。

遺言は民法に定めた一定の方式に則ってなされなければならない。民法に定められているのは、自筆証書、公正証書、秘密証書、特別の方式による遺言の四種である（九六七条）。口が利けないものが遺言する場合とか、死亡の危急に迫った者が遺言する場合とか、細かく規定されているが、多くの場合には初めの二つのいずれかが選択されるであろう。ただ、公正証書によって遺言するには、証人二人以上の立会いを必要とするから（また、公証人に手数料を支払わなければならないから）、自筆証書遺言が最も簡便である。これは九六八条が定めているところで、簡単にいえば、すべて自筆で書き署名捺印すればよいのである。遺言書は何度書いてもよい。死亡した日の直近の遺言が有効で、前の遺言は無効となる。

テレビドラマなどでよく出てくるが、遺族が全員揃ったところで、弁護士がうやうやしく預かっていた故人自筆の遺言書を取り出して開封し（もっと酷いのは、故人が弁護士に書き取らせたものを遺言書として扱うというのがあるが、弁護士が作成した遺言は方式を欠くもので無効となる。）、遺族に読み聞かせて、挙句には遺族間でその内容をめぐって確執が起こるというのがある。しかし、この弁護士の行為は五万円以下の過料に処せられる虞れがある。遺言書は家庭裁判所に提出し、その検認を受けなければならず、封印のある（封に押印のある）遺言書の開封は、家庭裁判所において相続人又はその代理人が立会わなければならない（一〇〇四条）。それなくして家庭裁判所外で開封をすると先の過料に処せられることが一〇〇五条に定められているからである。家庭裁判所の検認を経なくてもよいのは、公正証書による遺言のみである（一〇〇四条二項）。遺言の検認においては、家庭裁判所は遺言検認調書を作成しなければならない（家事審判規則一二三条）。

では、このような検認ということは何故行われるのであろうか。古い判例は次のようにいう。「検認の実質は、遺言書の形式態様等専ら遺言の方式に関する一切の事実を調査して遺言書其者の状態を確定し其現状を明確にするにありて、遺言の内容の真否其効力の有無等遺言書の実体上の効果を判断するものにあらず。即ち検認は、当該裁判所が非訟事件手続法一一二条以下（現家事審判規則一二二条以下）の規定に準拠し、之に関する調書に検認の手続及び其調査の結果を明確にするに止まる。」（カタカナをひらがなに変え、適宜句読点を加えた）。このような考え方は現在でも変わっておらず、要は、検認制度は証拠保全のためにある。

だとすれば、検認を経たからといって、その遺言が効力を生ずるものではなく、のちに争って遺言無効の裁判を求めることができるし、遺言の執行は検認を受けなくともすることができる。検認の実質的意義は極めて乏しいという他はない。これは、専門家とはいえない私の意見ではなく、家族法の専門家の見解である（泉久雄「注釈民法（二六）」一三五頁）。検認を経たことの利点は、検認調書に遺言の内容も記されるから、以後の改変は全く不可能となること、検認に立会わなかった相続人にも検認がなされた旨の通知が家庭裁判所から送られることくらいであろうか。もっとも民法は別に遺言書を偽造変造した者は相続人となることができない（八九一条五号。なお三・四号も参照のこと）として、遺言が遺言者の真意ではない内容とならないように、かかる行為をした者を相続欠格とすることで担保しているのである。

以上を総合すればこうなろうか。遺言書が自筆遺言証書であるかぎり（すなわち方式に欠如がないかぎり）、遺言執行者が家庭裁判所外で開封しても、そしてその内容に相続人が従って執行者が恙なく職務を遂行し、一件落着となるかぎり、一〇〇五条の過料の意義はとくにない結果となるのである。

（ロバート・ファン・ヒューリック「沙蘭の迷路」和爾桃子訳、ハヤカワミステリ、二〇〇九年）

宮澤俊義「東と西」

宮澤俊義博士の名は、法学を学んだ年輩の方ならば知っているであろう。東大教授で著名な憲法学者であった。本書の「はしがき」では、「折にふれて新聞や雑誌に載せた文章の若干をここに集めてみた」とされており、およそ昭和一三年から一五年くらいの間に書かれたもので、刊行は昭和一八年である。この時代は、すでにヨーロッパではナチス・ドイツが戦争を開始し、この「はしがき」が書かれた昭和一七年一二月は、太平洋戦争開始から一年を経ているにもかかわらず、本書には、戦意高揚的な文章も、ナチス礼賛的な文章もみあたらない。本稿は、憲法学者としての宮沢博士が、どのような思想をいだき戦前から戦後にかけてどのように身を処したかを述べるものではない。私自身は、博士の戦後の著作で憲法を学んだが、丁度本書と同じころに出された白水社版のアナトール・フランス全集の月報に、博士が「アナトール・フランス雑話」という文を寄せているのをたまたま知っていて、法学者で文学全集の月報に寄稿を求められるということはあまりないことであろうと、そのような方が書かれた随筆ということで、古書店の店頭に見出した本書を早速に購入したのである。

専攻こそ違え、著作から教えを受けたという立場からは先生とすべきであろうが、以下は「氏」で書かせていただく。氏は、普仏戦争でプロシア領となり、第一次大戦でフランス領となったアルザスに、昭和初年のころ滞在されたのであろう。「ラインの守り」という一文は、氏が当時ストラスブールで想われたことを述べたものである。ストラスブールのすぐ近くをライン河が流れていて氏はよく散歩に行き、橋をわたってドイツ領のケールへ杖を曳いた、と書かれている。わが国ではこの河はライン河で通っているが、Rhein はドイツ語で、フランス語では Rhin であり読みはランとなる。それはとにかく、「はじめてラインの橋の上に立って、その河をはさむ二つの国家の運命をおもったとき、僕はドーデの『月曜の話(コント)』のことを考えた。この本のなかには普仏戦争のときの話がたくさん収められてゐるが、とりわけそのときの僕の心に強くおもひ出されたのはそのはじめにあるあの有名な『最後の授業』であった。僕は早速ストラスブールの町でその本を買って来て改めて読みなほした。……日本で読んだときにはおもひもよらなかったやうな強い感銘をそれから受けた。」。「最後の授業」は読まれた方も多いであろうが、以下は、氏が本書に書かれたままを引用する。

「『最後の授業』は改めていふまでもなくアルザスがいよいよドイツ領になってしまふときのそこのある小学校の話である。明日から新しい先生が来てドイツ語を教へるので、これが最後のフランス語の授業だといふ日。遅刻したフランツがびくびくもので教室にはひって行くと、いつもはこはいアメル先生がけふにかぎって少しも叱らぬ。そして、フランス語が世界で一番美しい、いちばん明晰な、いちばん堅固な言葉だといふことを諄諄と説き、『たとへ国民が奴隷とせられても、その言葉さへしっかり握ってゐれば、その牢屋の鍵をもってゐるやうなものだ』から、決してこの言葉を忘れてはならぬと教へる。

おひるになる。プロイセンの軍隊のラッパが聞える。先生は改めて『皆さん』と口をきるが、感きはまってその先をいふことができぬ。そこで黒板のはうへふりむいて、大きく『フランス万歳』と書く。……かういふ筋の文章である。不覚な次第ながら、僕はこれを読みながら鼻がつまってしやうがなかった。」。

この「ラインの守り」には、おなじくContes du lundiから「ベルリンの囲み（シエージ）」（桜田佐訳・岩波文庫では、「ベルリン攻囲」）も紹介されている。長くなるので簡略に示すと、八〇歳になり現役を引退した老大佐が、ヴィッセンブルグでのナポレオンの敗戦を聞いて脳卒中で倒れてしまうが、その後フランスが勝利したという虚報を聞くと奇跡的に症状が回復する。それをみた孫娘と医者は、この病人のために、戦況が悪化してパリにプロシア軍がせまっているにもかかわらず、フランス軍は勝利してベルリンを囲み入城も間近という嘘をつき続け、ために老大佐はフランス軍の凱旋式を見るために、凱旋門の傍らの自宅のバルコニーに立てるまでになる。ところが、凱旋門から入場してきたのはパリを陥れたプロシアの軍隊ではないか。驚いた大佐は、こんどこそ「本当に死んでしまひました。」という話である。氏は、これは「フランスが負けた戦争の話だが、ドイツの負けた戦争についても同じ様な悲惨な話はいくらもある。フランスにしろ、ドイツにしろ、ひとたび戦争になった以上、是が非でも勝たなくてはならぬ。歴史は厳然としてこう教える。」とこのあとに続けて述べられているのだが、この随筆が書かれた時局からすれば、「ラインの守り」という一文は、氏のユマニストとしての心情の表明といってもよいと思われる。

『月曜物語』のなかの普仏戦争を題材にしたドーデーのコントの底流には、強い愛国心が流れているが、筆致は淡々として人物描写は暖かく、その人柄をしのばせる。「ベルリン攻囲」では、老大佐の息子は出征し、多分プロシナの捕虜となって、手紙などは来ないのだが、孫娘が老人を元気づけるために嘘の手紙を読んで聞かせる場面がある。息子の手紙に対して老大佐は返事を書き取らせていう、「フランス人であることを決して忘れるな。哀れな人達に寛大であれ。あまりひどい侵略をしてはならない。所有権を尊重せよ。婦人には礼をもって接せよ。敗者と講和を結ぶ場合には領土的要求をしてはならない、等々」。これは、勝者となった場合のフランス軍がそうであったというよりも、著者ドーデーの心であったろう。

「読書道雑話」という文もある。まず、良書を読まなければならない、と説かれる。では、本の良否の判定はどのようにしてなすべきか。それは、歴史のみがなせるところだが、だからといって良書推薦という制度がもつ効用を全く無視することは許されない。良書推薦に洩れた本こそ真の良書だなどという人がいるが、それは間違っている。良書として推薦された本が必ずしも良書でないとしても、推薦者が人間である以上、それは仕方のないことである。その意味で、アナトール・フランスの『ジェローム・コワニャール氏の意見』中のアカデミー・フランセーズの人選に関する叙述と同様なことは、書物選びには妥当しない（例によって、フランスは「人選を誤って無能な人間を会員にするということは、アカデミーの存在のために必要なことである」と皮肉な論理を展開している。）。そして、いい本をよく読むことが大切だと、氏はいうのである。古典を読んで分かる能力がないのに、古典だからという理由だけで有り難そうに書架に並べておくなどは、真の読書道からすれば邪道である。ここで、氏は面白い挿話を披露する。関東大震災で東京が丸焼けになったときに、氏は軽井沢にいたらしいが、居合わせたあるインテリ女性が「岩波が焼けたのは本当に惜しうございますわね」と曰ったそうである。「僕はこれを聞いたとき、おもはずモリエールに出てくる、ギリシャ語のためにいんちき学者を抱擁した女学者（ファム・サヴァント）たちをおもひだしたことであった。」と。どうも、法学者よりも辰野隆先生あたりが言いそうなことではないか。氏はこの一文を締めくくるにあたって、再び『タイス』の著者に登場してもらわなくてはならないとし、『エピキュールの園』の愛書家のための文章を引用した上で、「恋愛病がしばしば健全な結婚の原因であるやうに、愛書病はしばしば健全な読書の伴侶である。どちらも頭ごなしに排斥すべき病気ではない。十分親切にいたはってやらなくてはならない。」と結ぶのである。

本書のなかには、先ほど触れた「アナトール・フランス雑話」も収められている。ここにちょっと紹介しただけでも、氏がフランス文学に深い造詣を有していたことがわかるのである。

本書は古書店で購入したことは先に述べた。そして、本書には著者宮澤氏の署名がありT先生にあてて謹呈されている。このことについても、「本と署名」という章がある。上杉慎吉の『行政法原論』を宮澤氏が買ったら馬場博士に贈られたものであったということから、その話を人にしたところ、「せっかく人が贈ってくれた本を売るのはひどいとか、いや馬場さんが売るはずはない、引越しのときかなんかに間違って屑屋の手へでも渡ったのだらうとか、これを聞いたらさぞ馬場さんが迷惑におもふだらうとか、いろいろな意見が出た。だから、自分の本に署名などして人に贈るのもよしあしだ、なんにも書かずに贈るはうが親切だ、といふやうな説まで出てきた。」。で、氏の結論はこうである。「人に贈る以上、その処分を相手の自由に委せるのが礼儀である。処分を相手の自由に委せるのがいやなら、はじめから贈らぬがよろしい。勝手に署名した本を贈呈しておいて、それが古本屋の店先に出たといって、恥ずかしがったり怪しからんといって怒ったりするのは、心得違ひといふものであろう。」これが本の著者にとって迷惑だというならば、「人にものを書いた本を贈るのは、向うの了見も聞かずに一方的に債務を負はせることになるから、須く慎むべきだといふことにならざるをえない。」と。

私でも、著書を贈ったり贈られたりすることがある。このごろは、出版社の方で、贈呈先のリストをくれれば私の方で送っておきます、というのが普通だから、一々本に署名することもない。謹呈と印刷された細長い紙を挟んで送られてくる。本来なら、この紙に署名をするべきなのかもしれないが、それもないのが多い。だから、宮澤氏のようなことを気にする必要もないが、贈った方と贈られた方についは、氏のいう通りであろう。ただ、著者署名入りの本をたまたま古本で手に入れた者の立場からすると、著者はこのような人に著書を送る関係にあったのかとか、この署名からすると、著者は神経質で丁寧な字を書く人かと思っていたけれど、意外に乱暴な署名だなと思ったりして、またそれなりの楽しみもあるのである。

(宮澤俊義「東と西」春秋社、昭和一八年)

司馬遼太郎「歳月」

明治政府において、司法卿であった江藤新平が主人公である。司馬氏の江藤観は次の一文に尽きるであろう。

「現実把握という智慧については江藤の頭脳はまるで欠落していた。そういう智慧がないというよりも、江藤の思考方法を傾しがせている癖が、現実把握の智慧や心のゆとりといった機能を圧迫して閉鎖させていたといったほうがいいであろう。自然、江藤の思考法から出る策は、きわめて図式的であった。その策はつねに色彩があざやかで描線がくっきりしており、要するに論理こそ明快すぎるほどに明快であったが、しかし現実から致命的に遊離していた。逆にいえばその遊離しているところが論理的明快さになり、その明快さが論者である江藤の信念を固めさせ、ひいては他を酔わせた。さらには敵に対し、策士の印象をあたえた。」。

やや一面的な江藤観とも思えるが、確かに、あの頭が切れすぎるほどに切れる男が、帰郷すれば郷党に担がれるとわかるはずなのに、自分が立てば西郷も立つと思い込んだ挙句佐賀の乱をおこし、大久保の手中に落ちてしまう見通しのなさは、司馬氏のように江藤をとらえなければ説明がつかないであろう。ここでは、江藤その人よりも、本書の中に散見される民法にまつわる部分を採り上げて、管見を述べてみる。

その前に、以下のことを確認しておきたい。

明治四年七月、太政官制が発布されて、正院および左右両院が設けられ、江藤新平は左院の副議長となった。左院でも民法の編纂事業が行われたが、明治五年四月に彼は司法卿に任じられたので、これ以後は彼の民法編纂事業は司法省において行われることになる。江藤の司法卿就任後、約半年の間に編纂されたと推定されるのが、「民法第一人事編」(全一四〇条)であって、現在までに知られるわが国最初の民法草案といわれている。引き続いて明治六年三月に、司法省民法会議においてできあがった成果が「民法仮法則」(全八八条)である。この「民法仮法則」は、Albert Charles du Bousquet が起草したことが判明している。このほかに、司法省明法寮において明治五年に出来たとされるのが、「皇国民法仮規則」(全一一八六条)であり、江藤が司法省転出後も左院独自で編纂が続けられて、明治五年中に脱稿したとみられる「左院の民法草案」(全九三三条)もある。

このように、明治初年においては、民法の草案はさまざまな部署で並行して作成されており、そのそれぞれに江藤がどれほど関わったのかは明らかではない。なお、これらの民法草案というよりも「案」であるが、内容は、親子・夫婦などの人事に関するものであって、新しい家族関係をどう構築すべきかが新政府の関心事であったことが分かるのである。また、全何条としたが、これは各草案の最終条の数字を掲げたものであって、各草案がそれだけの条文を実数として有しているかどうかは、数えたわけではないことをお断りしておく。

さて、本書でも、彼は司法省をにぎる以前から、彼自身の主宰のもとに「民法編纂会議」を設けて法典の編纂をすすめてきた。江藤自身は洋学は一切知らず、このため西洋諸国の民法を自分の目で読むことができなかったが、彼の周辺には、箕作麟祥、加藤弘之などの秀才たちのほかに、お雇い外国人も数名いて、そのなかに仏人ジョルジュ・ブスケがいた、と書かれている。

「江藤は、このブスケと毎日のように会った。ついでながら江藤はすでに箕作麟祥が翻訳したフランス民法を精読し抜いており、その条文をほとんど諳ずるほどであったから、ブスケにすれば江藤がもっとも手ごわい話相手であった。」。彼はあるとき、わが国では嫡男相続にする、といったところ、ブスケは、国家は近代的郡県制度になったというのに、家だけは封建ということになるではないか、矛盾であると反論したと書かれている。

このブスケとは、「民法仮法則」に関わったブスケではない。この雑文の別稿でとりあげた『日本見聞記』の著者の方である。「民法仮法則」のブスケは、ジブスケとよばれていた。江藤が「精読し抜いていた」とされる箕作訳のフランス民法は、本書の叙述の時代からして、おそらく明治四年に和本としてまとめられたものと思われる。ついでながら、明治八年には、箕作訳は憲法なども含めて「仏蘭西法律書」として全二冊の革装丁の書物が出版されている。箕作訳のフランス民法では、その七四五条二項に、「若シ其子及ヒ卑属ノ親皆第一級ニ在テ自己ノ権ヲ以テ遺物相続ヲ為ス可キ時ハ各自平等ノ部分ヲ相続ス可シ」として、均分相続制が定められていた。これに対して江藤は、「家だけは封建の組立てのほうがよい」として嫡男相続を主張したという。

若干コメントをしておく。「遺物相続」はいうまでもなく「遺産相続」のことである。「第一級」とはいまで言う「第一順位」のことである。司馬氏が江藤と問答をしたとされるブスケが、具体的にわが国の民法の基礎創りにどれほどかかわったものかは明らかではない。先述のように、彼は帰国してから日本滞在記ともいうべき『日本見聞記』を出版したが、そこでは自分の日本での仕事については全くといってよいほど触れていない。まして、江藤とこのような問答をしたかどうかは不明なのである。とすればこの部分は司馬氏の創作によると思われる。戦前の民法の親族・相続編は、明治三一年に施行され、原則として嫡男による家督相続制になっていたことは周知のことであろう。その前に、明治二三年に法律第二八号として公布されたが施行されなかった民法がありこれを旧民法とよんでいる。旧民法はボアソナードによって起草されたと一般にいわれているが、彼が起草したのは旧民法財産取得編の第一二章まででであって、第一三章の相続に関する部分は日本人の委員が起草したものであった。親子・婚姻・相続などは、日本の慣習に従って起草さるべきものとして、ボアソナードが起草すべき対象から外されていたのである。そして嫡男相続は、江藤がそういったかどうかは別として、相続法の起草にあたった明治の法学者が、わが国では当然のこととして考えていたところのものであった。

また、この嫡男相続の個所に続いて、次のようなことも述べられている。畜妾の風は日本の風習であるとする江藤が、妾を民法に組み入れようと考えているのに対して、ブスケが、「もし妾に法律上の地位をあたえるという民法を日本が制定すれば、西洋のキリスト教国は日本というものをよほど不気味な国としてうけとるだろう。」といったので、これに上手く反論できず、諦めたことになっている。「権妻」という言葉は明治初年に用いられたに過ぎないようだが、旧民法、明治民法ともに妾に法律上の地位は認めていなかった。むしろ、妾はともかく、明治民法および現民法ともに厳格な法律婚主義を採ったので、社会的には正妻ではあるが婚姻届を出していない「事実上の夫婦」における「妻」をどう保護するか、現在でも相続資格が認められていないことに問題を残している。なお、箕作訳で「民権」と訳されて、民に権があるとはなにごとかという論が出て、江藤が民権で宜しいといったという原語は、droits civils だが、これはすでに旧民法では、今日とおなじく「私権」と訳されている。

相続法は、財産法と身分法の双方の色彩を帯びるが、純粋身分法といわれる親子法・婚姻法においても、その国独自の慣習に立脚する部分が多いことは否めない。叙上の江藤とブスケとの問答を読むだけでは、フランス民法はいかにも先進的な近代立法のように思えるが、ナポレオン民法制定当時には、例えば、婚姻から生まれた嫡出子とそうではない自然子とは明確な身分差があった。自然子とは enfant naturel の訳であるが、この言葉から意味が直ちにわかるであろうか。婚姻外で生まれた子であり、さらに姦通から生まれた姦生子と近親相姦から生まれた近親子の区別があった。そして、自然子には、父の捜索は許されず、すなわち認知の訴えを提起することは禁じられ、父親から認知されても法律上の相続人たる地位は認められなかったのである。

大久保らが外遊し、西郷らが留守を預かっている間に征韓論が起こり、廟議の決定は、西郷参議をして韓国に派遣せしむということになったが、急遽帰国した大久保の反対によって間に挟まった三条公は天皇に奏上できず、心労のあまり病をえて岩倉が代わって奏上することとなった。明治史のなかでは有名な場面である。本書では、岩倉の奏上の前夜、西郷と江藤とが岩倉邸を訪れて、江藤が岩倉を論破することになっている。この両名が岩倉邸を訪ねたのは史実のようである。

岩倉曰く、「すでにご承知のように拙者の意見は、三条公とはちがっております。その拙者が太政大臣摂行になります以上、拙者の意見もあわせて奏上せねばなりませぬ。つまり、参内して両説を申し上げ、いずれが可なりや、聖断を仰ぎたいとおもいます。」。これに対して江藤は、岩倉の此のたびは三条太政大臣の代理に間違いないか、と念を押し、そのとおりであるという返事を得たうえで、それでは、征韓大使として西郷参議を派遣するという一件に同意でなければならない、なぜなら、「岩倉卿は三条卿の代理になられた。代理は本人の意思を代理するものであり、本人の意思を離れて代理ということは成り立ちませぬ。されば、奏上のばあい、岩倉卿は三条卿の意見を代弁されるだけでよく、代理者が勝手にご自分の意見をそれに加えるということはゆるされませぬ。」と説くのである。他方、岩倉は、「聖上の御信任によって代理になったのだ。三条卿にたのまれてなったのではない。それゆえ三条卿の意思を代弁する義務はない。」という反論しかできなかったことになっている。

気になることの一つは、この時期「代理」という言葉が使われたであろうかという点である。代理という法律用語が何時から用いられるようになったかは調べていないが、すくなくとも、江藤の法律知識が、箕作によるフランス法に由来するものであるとすれば、フランス法では、ドイツ法の影響を受けた現在のわが国の理論とは異なって代理と委任とは別物であるとする立場を採っておらず、委任の対外的関係を指すと理解されており、この「委任」を箕作は「名代」と訳していることから、代理人ではなく名代人という用語が用いられたのではないかと思われるのである。もう一つは、代理とは法律行為に関して生ずることで、天皇への奏上を代わって行うことが法律行為であるとはいえないであろうが、代理の本来の機能は、与えられた権限の範囲内で、代理人は自ら意思決定をなし、その効果が本人に帰属することにあるから、単に本人の意思を代弁するにとどまるものではない。本人の定めたところをそのまま相手方に伝えるのは使者とよばれる。

ジョルジュ・ブスケは来日したのは、『日本見聞記』の野田良之氏の解説では、「日本側の資料によれば明治五年二月一六日であるが、当時日本では太陰暦が用いられており、之を太陽暦に換算すると一八七二年三月二四日になる。」とあり、本書では、江藤が司法卿になったのが明治五年四月二五日とあるから、両人は司法省において語を交える機会はあったであろう。両人が相続制度や妾の問題について、前述のように意見を交換し合ったかどうかはとにかく、フランス民法に知識を有していた江藤とフランスの法学者（ブスケは正しくは法実務家だった）とが問答をしたという話は、小説として面白い着想であろう（それにしても、司馬氏はどのような文献によって着想を得たものか知りたいところである。）。

西郷の韓国派遣をめぐる大久保と留守組の攻防は緊張感をもって読ませるし、明治維新の立役者達のなかで遅れて登場する江藤新平という役者の見せ場を余すところなく描いた本書は、堅苦しい明治法制史などには馴染めない人たちにも是非一読を勧めたい書物である。

（司馬遼太郎「歳月」講談社文庫、昭和四八年）

伊藤秀雄「黒岩涙香」

鉄仮面、岩窟王、噫無情などの著作者として、黒岩涙香の名はいまでも忘れられていないのではなかろうか。本名、周六である。「都新聞」に入ったのち、みずから「萬朝報」（よろずちょうほう）を起こした。本書は、この涙香の伝記であるとともに、「探偵小説の元祖」という副題の通り、各作品の原著は何であるか、その梗概はどうであるかというように、彼の仕事を著作の方面から追って行った労作である。涙香の作品は、原作における人名を日本風に変えてあるため、たとえば、日本人がパリでフランス人として活躍しているような、今の読み手には奇異な感を抱かせるが、そのほかは今でも充分に面白い。

さて、著者によれば、萬朝報は、勧善懲悪を旨としていたとのことだが、その現われであろうか、誰それは何という妾を囲っているということまで詳細に報道した。一例を挙げれば、「医師原田貞吉　日本橋区蛎殻町二丁目一四番地の同人は藤井ひさ（二七）と云ふ妾を浜町一丁目一一番地原田潮方に置く、此の潮はひさの腹に出来たる子にて明治二七年に生まる又ひさの素性は能く解らざれども和泉国日根郡孝子村一二一番地藤井宿勝の長女なりと云へば或は坊主の娘ならんか」という如くである。

本書によれば、四七九例が数えられるそうだが、一九番目に森鷗外が槍玉にあがっている。「森鷗外　事、当時本郷駒込千駄木町二一番地に住する陸軍軍医監森林太郎は児玉せき（三二）なる女を十八九の頃より妾として非常に寵愛し嘗て児迄挙げたる細君を離別してせきを本妻に直さんとせしも母の故障に依りて能はず、母も亦鷗外が深くせきを愛するの情を酌み取りて末永く外妻とすべき旨を云ひ渡し家内の風波を避けんためせきをば其母なみ（六〇）と倶に直ぐ近所なる千駄木林町一一番地に別居せしめ爾来は母の手許より手当を送りつつありとぞ」。

著者いわく、「当時の実力のある男にとって妾を持つことは、ごくあたり前のことであったから、脛に傷を持つ多くの者は、今度は己の番かと、恐怖の念を抱いて毎朝の朝報を眺めていたということである。」と。このような記事を載せ、涙香がみて社会的に怪しからんと思った者は遠慮なく攻撃をしたから、実際にも赤い紙が使われたこともあって、萬朝報は、赤新聞といわれた。赤新聞というとスッパ抜きなどを主とする低俗な新聞を指すが、萬朝報はスッパ抜きをしたかも知れないが、それは涙香の正義感に基づくものであって、内村鑑三、幸徳秋水、堺利彦なども加わって、日露戦争に対しては敢然として非戦論を展開したのであった。もっとも、涙香が後に開戦論に転じたため、内村、幸徳、堺は萬朝報を退社することになる。

大谷晃一『鷗外、屈辱に死す』（人文書院、一九八三年）には、この「せき」のことが次のように書かれている。「鷗外が登志子と別れて二年後、峰子（鷗外の母）はこの駒込千駄木町三一番地の家の前を入った横町に住まわせた。千駄木林町三番地。明治二五年である。鷗外は数え三一歳、せきは二七歳。」。「鷗外は小倉へ赴任した。独り暮らしで、いい女中が居つかなくて困った。いっそのこと、せきに行ってもらおうか、と峰子らは思案したが、とりやめた。あくまで隠し妻であるべきで、それが半ば公になるおそれがあった。鴎外のもとへ、志げが輿入れした日、その花嫁の行列を、横町から通りに出る角の電柱のかげに、せきは一人ひっそりと立っていた。せきのこの話が、鴎外の『雁』になった。エリーゼとのことが『舞姫』になったように。」。

大谷の書物と、萬朝報の記事との間にはいくつか食い違いが見られるが、その点はとにかく、ただ、鴎外が、母親公認のもとで、一時期妾を囲っていたという事実は間違いないであろう。そして、蓄妾の風が不思議ではなかった時代にあっても、妾の名前から住所まで新聞報道されることは、当人にとって大迷惑であったには違いない。

明治三一年に施行された民法（明治民法）でも、今日と同じく、名誉を毀損された場合には損害賠償を請求しうる（七一〇条）とともに、裁判所は「名誉ヲ回復スルニ適当ナル処分ヲ命スルコトヲ得」（七二三条）と定めていた。萬朝報により蓄妾を暴露された著名人が名誉毀損訴訟を起こしたかどうかについては調べていないが、以下は、この問題について、少しばかり触れることにする。

民法七〇九条は、不法行為の章の冒頭に一般的規定を置いている。「故意又ハ過失ニ因リテ他人ノ権利ヲ侵害シタル者ハ之ニ因リテ生シタル損害ヲ賠償スル責ニ任ス」（現行民法も同じ）がそうであるが、旧民法では、財産編三七〇条で「過失又ハ懈怠ニ因リテ他人ニ損害ヲ加ヘタル者ハ其賠償ヲ為ス責ニ任ス」とし、これを「不正ノ損害即チ犯罪及ヒ准犯罪」の節の始めに掲げたのであった。つまり、明治民法により不法行為とされた用語は、旧民法では「犯罪、准犯罪」と呼ばれていたのである。旧民法はボアソナードの起草にかかりフランス民法の影響が濃かったが、フランス民法で不法行為を指す用語が、

délit であり、これは刑法上の犯罪を意味する言葉でもある。故意による不法行為が délit、過失による不法行為が quasi-délit なのだが、旧民法ではこれをそのまま犯罪・准犯罪と訳したものが用いられたのである。例えば、人を傷つけたとしよう。現在では、刑事上の責任と民事上の責任とは截然と別れているが、「目には目を」という格言が示すように、古くは、被害者は加害者に対して単純に同害報復が認められていたが、時代がすすむにつれ、贖罪金の支払いがこれにとって代わるようになると、刑事責任と民事責任との混淆が生じてくる。要するに両責任の趣旨が明確に区別されるようになったのは近代になってであって、フランス法の délit という言葉は、両責任が截然と区別されなかった時代の名残ともいえるようである。

明治民法の起草者は、両責任の区別の上に立って新しく「不法行為」という用語を我が民法に導入することにした。したがって、現在の民法上では「損害賠償金」は財産的損失の填補であって、刑事上の責任とは全く別個のものとされる。しかし、名誉毀損もそうであるが精神的損害の賠償、すなわち慰謝料は、もともと財産的損害と異なって金銭に評価できない性格のものであるから、これをあえて金銭に評価して加害者に賠償を命ずるということには、どこか制裁的色彩、すなわち民事罰的色彩を全く払拭しきれないという感もしないでもないとともに、刑事罰とは別に、せめて慰謝料でもとってやらないと腹の虫がおさまらないというのが、被害者の一般感情なのではあるまいか。かくて、慰謝料の本質をどのように解するかは現代においても残された問題といいうるのである。

ところで、わが国では、両責任は異なるものとされているため、刑事責任の追及は刑事裁判で、民事責任すなわち不法行為責任の追及は民事裁判でなさるべきものとされていた。検察官が提訴する刑事裁判において被害者は併せて損害賠償を求めることはできないとされていたのである。しかし、平成一二年になって、「犯罪被害者等の権利利益の保護を図るための刑事手続に付随する措置に関する法律」という長ったらしい名前の法律の施行によって、その九条以下で、「刑事訴訟手続に伴う犯罪被害者等の損害賠償請求に係る裁判手続の特例」が定められ、被害者は刑事裁判手続のなかで損害賠償請求の申立をする途が開かれることとなった。フランスでは、附帯私訴といって元来認められていたものである。この長い名の法律について、ここで細かく述べることはしないが、従来の二本立ての手続きをある部分一本化するわけであって、木に竹を接いだような感もなくはない。たとえば、問題が難しく審理に日時を要すると裁判所が認めたときは、この損害賠償命令の裁判を終了させ、民事手続へ移行させる旨の決定がなせる（法二四条）など、悪く言えば中途半端なところもあり、その運用が円滑になされるか、被害者、被告人ともに納得しうるような審理がなされうるものかなど、疑念が残る制度であることは否めない。

名誉毀損は七〇九条を準拠条文として認められる。名誉も保護されるべき権利（法益）、だからである。七一〇条があるのは実は重複しているともいえるのであるが、旧民法が非財産的損害は不法行為責任を生ぜしめないかのように定めてあったので、その点を明らかにしたものである。

民法の不法行為法は、損害賠償が原則であって、わずかに名誉毀損についての原現状回復請求を認めるのみである。原状回復の手段としては、新聞紙上に謝罪広告を掲載する方法がすでに七二三条の起草の時点から議論され肯定されていた。この場合、本人が謝罪したくないとしているのに、判決によって謝罪の意思を表明させることを実現する手段いかんということと、沈黙の自由も含むと解されている憲法上の思想及び良心の自由の保障に反しないかが問題となる。判例は、憲法一九条に反しないとするが、言辞の取消しは肯定できるが謝罪まで命じうるとするのは行き過ぎであるとする見解もある（著名な判例は昭和三一年の最高裁大法廷判決だが、裁判官のなかには謝罪まで命ずることは同条に反し違憲であるとの見解を示す者も存在する）。取消しを命ずるにせよ謝罪を命ずるにせよ、被告本人自らその意思を表明しようとしない場合には、執行の方法としては被告の費用負担で原告が新聞広告を出すことができる（前掲大法廷判決もこれを認める――代替執行（民事執行法一七一条））。ただし、この場合は、掲載しようとした新聞が掲載を承諾しなければ執行不能となる。被告が支配する通信媒体を通じて謝罪広告を出すべきことを命ずる判決の場合には、これに応じないときは間接強制（民事執行法一七二条）の手段が採られる。

しかしながら、そもそもいかなる言辞が名誉毀損を成立させるのかも困難な問題である。抽象的には、報道の自由と人格権の保護という相対立する利益をどこで調和させるかという問題に帰着し、言辞の内容、公益に関することか私益に関することか、両当事者の社会的地位、用いられた媒体などさまざまな要素を勘案して判断しなければならない。新聞の場合には、用いられた見出しの大きさまで判断要素になる。また、実際には裁判官個人の倫理観も判決に影響を及ぼすであろう。

（伊藤秀雄『黒岩涙香』三一書房、一九八八年）

『大岡政談』

「大岡政談」の実作者は不明らしい。本書の「緒言」では、「世に大岡政談として行はるる話篇、元より甚だ多く、本書の収むる所は殆ど其五の一に過ぎず」とされているが、長編では、「天一坊実記」、「越後伝吉傳」、「村井長庵之記」、中短篇としては、「小間物屋彦兵衛之傳」、「白子屋阿熊之記」、「雲切仁左衛門之記」、「煙草屋喜八之記」が収められているほか、「大岡裁判小話」として二〇篇ばかり、その中には、落語でも知られている「石地蔵吟味」や「三方一両損」などが含まれている。ここに紹介するのは、「越前守殿頓智裁判の事」と題された小話であるが、話が面白いわけではない。例によって、民法の話に引っ掛けようという魂胆からである。

話はこうである。ある商人の十五六になる丁稚が商売の品を担いで丸の内まで出かけたところ、冬のこととてお堀に鴨がいた。子供心に小石を拾って鴨を目がけて投げたところ、一羽の鴨に命中してその鴨は斃れてしまった。まずいことをしたとばかり逃げ出したが、あいにく辻番人に捕まって奉行所に引き渡され入牢となった。丁稚の主人が呼び出され吟味となったが、越前守は、証拠の鴨の羽の下に手を入れてから主人にこういったのである。そのまま引用する。「其方が召遣の丁稚御堀端を歩行きし折り、過って石に躓きし機勢に、礫飛んで御堀の鴨に中りたれば、忽ち其鴨気絶せしと思はる。然るに只今右鴨を取寄せ探り見るに、羽根の下未だ暖かなるは、全く死したるに有るまじ。依って此の鴨を汝に預くる程に、安針町へ持行き鳥屋を頼み、能く能く養生いたさせよ、然すれば必ず全快為すならん。縦令粗相なりとも御堀の鴨を殺せしと申せば重き事なり。右の鴨全快致す迄丁稚は入牢申付くる間、良薬を用い、成丈早く鴨を全快致させ、其上にて当奉行所に持参致すべし」。主人はこれを聞いて蘇生した心地して、早速安針町の鳥屋に行って羽色の良く似た鴨を一羽買い取って籠に入れて、翌日奉行所に持参し、「仰せに随ひ安針町の鳥屋に遣し、種々と療治を致させしに、斯くの如く全快仕り候間、今日納め奉る」と越前守の前に差し出した。越前守は、丁稚を呼び出して、説諭のうえお咎めなしで放免されたのである。

本書に曰く。「仮令故と為したるにもせよ、幼年の者の戯れに礫を投げ、その鴨斃れたりとも、鴨一羽にて人命を取る事不仁の至りなりと思はれし故、頓智を以って安針町へ遣し、療治を致すべしと申されしは、凡人の及ばざる処なり」と。

さて、民法の話になる前に、この丁稚君が鴨を殺した行為は、もしかしたら命を取られかねない犯罪に該当するかもしれなかったのだが、現代ではどうであろうか。と偉そうに書いたが、なにしろ刑法などは半世紀も以前の学部時代に習ったままである。あるいは誤っているかもしれないことをお断りして、年齢は十五六とあるから、数え齢であることを考慮しても、刑事責任を問いうる満一四歳以上である（刑法四一条）。罪名としては、ひとまず器物損壊罪（刑法二六一条）が考えられるが、冬のことでお堀に鴨がいたとあるから、江戸城のお堀（であることは丸の内に行ったことでわかる）の鴨であっても、野生の鴨であったろう。とすれば、器物損壊罪の「他人の物」という構成要件を充たさないから、この犯罪を構成しない。もっとも、地方公共団体が定める条例については知らないが、法律としては「動物の愛護及び管理に関する法律」というのがあって、「愛護動物」を「みだりに殺し、又は傷つけた者は、一年以下の懲役又は一〇〇万円以下の罰金に処する」（同法四四条）とあるが、ここの「愛護動物」には鴨は例示されていない（同条四項一号参照）。それ以外の哺乳類・鳥類・爬虫類も対象になるが、そのためにはそれらが「人が占有している動物」であることが要件である（同二号）。お堀にたまたま飛来した鴨は「人の占有している動物」とはいえないであろう。仮に、将軍家が飼っている鴨だとしても（すなわち、他人の物だとしても）器物損壊罪では、三年以下の懲役又は三〇万円以下の罰金若しくは科料に過ぎない。

むしろ私の疑問は、野生の鴨を殺しても罪にはならない筈であるのに、どうしてお堀の鴨を殺すと重罪となるのかその根拠である。特別に「御触れ」でもあったのであろうか。昔読んだ「御定書一〇〇ヵ条」にはそのような規定はなかったことには間違いない。

民法の次元では、原則として野生動物は無主の物として、先に占有した（自己の支配下においた）者に所有権が認められる。他人が飼育していた動物をそれとは知らずに占有し、その動物が買主の占有を離れた時から一ヶ月以内に飼主から回復請求をうけなかったときも、占有者はその動物の所有権を取得し、それによって飼主の所有権は消滅する（民法一九五条）。自分の物となる前に殺してしまった場合には、前述の刑事罰ないし行政罰は別として、不法行為として所有者に対して損害賠償をしなければならない

（民法七〇九条）。但し、賠償責任を負うには責任能力が必要である。

未成年者の責任能力については、民法は「自己の行為の責任を弁識するに足りる知能」を備えていることであるとしている（七一二条）。民法が、刑事責任能力のように（一四歳未満の者は不可罰）画一的に規定しなかったのは、ある具体的な人がある具体的な行為を行ったときにそれを有していたかが問題となるからであり、同じ年齢の未成年者であっても、個人差がありうるし、同一人においても、加害行為の種類によって責任能力の有無が決まる場合もありうるし、同一の加害行為においても、故意によるか過失によるか（ちなみに、器物損壊罪では、過失犯は問題とされない。）で異なることがあってよいからであるとされている。つまり加害行為を総体的に判断して、当該未成年者に賠償責任を負わせるのが妥当か否かが決まることになる。判例によれば、一一歳前後から一四歳前後、おおざっぱに平均すれば、一二歳あたりになる。

未成年者が当該行為の責任を負わない場合には、未成年者の法定の監督義務者又は監督義務者に代わって未成年者を監督する義務を負う者（代理監督者）が責任を負う（七一四条）。これらの監督義務者が具体的にはどのような者であるかはひとまず置くが、丁稚君の事例は、主人は「ある事業のために他人を使用する者」であるから、被用者である丁稚君が第三者に加えた損害の賠償責任を負う（七一五条）。この使用者責任が生ずるためには、被用者に責任能力があることが前提とされるが、丁稚君は責任能力者（数えで十五六歳）であるから、問題が無い。

ところで、民法は、個別責任の原則、すなわち、やったことの責任はやった者がとれ、という立場だから、未成年者に責任能力があれば、法定監督義務者（たとえば親）が責任を負うことはない。丁稚君の事例は、七一五条で解決できるからよいが、七一四条に関して問題が生ずるのである。というのは、損害賠償は金銭賠償が原則だから、未成年者が責任を取らされても賠償するだけの資力がないのが普通であって、これでは被害者にとっては絵に描いた餅となってしまう。もっともこれは、成年者が加害者である場合でも彼が無資力であれば、たとえ判決で賠償を命じられても無い袖は振れないことは同じであるけれども、責任能力がある未成年者が無資力で親には資力があるという場合には、被害者は法的には救済が受けられない結果となる（ここに法的にはと言ったのは、通常の感覚をもった親ならば、子供の不始末に対して道義的責任として代わって賠償をするであろうからである。）。

普段から素行の悪い未成年者がいて、この子が同級生を殺してしまったが、年齢としては責任能力はあったという場合に、七一四条では被害者は救済されないので（実際に損害賠償を請求できるのは、被害者は死亡しているから、被害者に生じた損害賠償請求権を相続したその親なのだが、被害者が生存を続けていれば得られたであろう利益を賠償額とするわけで、その場合は親の方が先に死亡するのが普通であるのに、被害者の余命をもとに算出した賠償額を親が相続できると、する。ここにも、法解釈のフィクションが見て取れるのである。）、素行の悪い子供をしっかりと監督していなかったことが、被害者に対しその親に過失があったものというべく、親について被害者に対して七〇九条の不法行為責任が成立するとした判例がある。これなどは、加害未成年者がたまたま素行が悪かったから言えたことであって、普段から良い子が突発的に殺人を犯したという場合には通用しない論理である。

（「大岡政談」有明堂文庫、昭和二年）

浜尾四郎「博士邸の怪事件」

本編が収録されている書名は、『鉄鎖殺人事件』である。両編とも昭和六年に書かれた。浜尾四郎は、若くして亡くなったこともあって、長編は、上記二編と『殺人鬼』の計三編を数えるに過ぎない。

浜尾四郎その人については、都筑道夫氏の本書「解説」からそのまま引用しよう。

「浜尾四郎は、本格長編に情熱をかたむけた数すくない戦前作家のひとりだった。といっても、法律家であり、政治家でもあり、おまけに三九歳で若死にしたので、作品の数は多くはない。・・・加藤男爵家に生まれて、浜尾子爵家に養子にゆき、世に出ては検事になり、退職して弁護士になり、のちには貴族院議員もつとめ、幅の広い趣味人でもあったというと、推理作家としてはセミプロのディレッタント、生活に困らなかったから、本格ひとすじに進めたのだ、という解釈もできるかもしれない。」このあと続けて都筑氏は、もし彼が戦後も生き続けて創作に励んでいたら（亡くなったのは昭和一〇年であった）、あるいは横溝正史とともに、日本の推理小説界をリードしたかもしれない、と書かれている。金田一耕助が、地方に出かけて行って、犯人に纏わる過去の因縁話を掘り出してくることが事件の解決に資するという点では、横溝と浜尾とには共通した作風が見られるのである。

「博士邸の怪事件」は、ラジオドラマの原作として書き下ろされたものだそうである。脚色されて放送されたのかどうかは詳らかではない。私が浜尾の作品に興味を持ったのは、検事であり弁護士であった、すなわち法曹が書いた推理小説（というよりも探偵小説と呼ぶ方が相応しい）であるという点であった。そして、本編では、犯人の法律知識が犯行の動機となっているのである。


蓑川文学博士は、学識は豊かであるが固陋な性格で、しばしば従来の通説を裏切る説を発表してはこれに固執し学界からは問題視されている人物であり、経済的には恵まれていない。博士とその夫人の間は夫人がヒステリー的性格なので外観からは必ずしもうまくいっていないようである。事件当日博士は、午後七時二五分から三五分間「織田信長とポルトガルの宣教師の関係に就いて」という題でラジオ放送をすることになっていた。放送直前になって、夫人から大阪の母が急死したから至急大阪に同道してくれという電話がかかってくる。博士は大事な放送をドタキャンするわけにはいかないとなんとか宥め、無事放送を終了して急ぎ帰宅してみると夫人は何者かの手にかかって殺されていた。ところが、夫人の死体の検死の結果はすでに死後硬直がはじまっていて、どう見ても当日の昼頃には殺されていたことになるのである。つまり、夫人の母親よりも夫人本人の方が先に亡くなっていた状況にある。夫人の母親はかなりの財産家であり、子供は、博士夫人とその妹しかいない。妹には仲井という夫がいる。以下、本件を担当する帯広検事の語るところを聞こう。

「たとえば、大阪の母が死んだからって直ぐ、その財産が博士の夫人とその妹に行くとは簡単に考えな

書物のある情景

2010年4月20日　第1版第1刷発行　8568-01011

著　者　平　井　一　雄
発行者　今　井　　貴
発行所　株式会社　信　山　社
〒113-0033 東京都文京区本郷6-2-9-102
電　話　03（3818）1019
FAX　03（3818）0344
henshu@shinzansha.co.jp
製作：編集工房INABA

印刷・製本／亜細亜印刷・渋谷文泉閣
ISBN978-4-7972-8568-0 C0095